零基础
读懂投资学

罗 凯 ◎著

中国商业出版社

图书在版编目（CIP）数据

零基础读懂投资学 / 罗凯著. -- 北京：中国商业出版社，2019.12
　　ISBN 978-7-5208-0995-5

　　Ⅰ.①零… Ⅱ.①罗… Ⅲ.①投资—基本知识 Ⅳ.①F830.59

中国版本图书馆CIP数据核字(2019)第268294号

责任编辑：朱丽丽

中国商业出版社出版发行
010-63180647　　www.c-cbook.com
（100053　北京广安门内报国寺1号）
新华书店经销
三河市宏顺兴印刷有限公司印刷
*
880毫米×1230毫米　32开　6印张　130千字
2020年4月第1版　2020年4月第1次印刷
定价：39.80元

****

（如有印装质量问题可更换）

前言
PREFACE

※ ※ ※

比起投资来,打工能够积累下来的财富是非常有限的,假如你想拥有100万元的财富,年薪10万元的话,即使分文不花,要积攒10年;年薪20万元的话,同样一分不花,也需要积攒5年。而如果进行有效的投资,这一时间可大大缩短。

通用电气前总裁杰克·韦尔奇号称"打工皇帝",年薪超过千万美元,工作多年,韦尔奇拥有超过4亿美元的身家,可谓不少。再来看看"投资第一人"沃伦·巴菲特,多年前,巴菲特投入1.5万美元创建伯克希尔·哈撒韦投资公司,后来通过全球多样化的投资,公司获得了极大发展,巴菲特也由此成为世界上最有钱的富翁之一,拥有约440亿美元的身家。

4亿美元与440亿美元的差距,就是投资与不投资的巨大差别,可以说一个在天上,一个在地上。

事实上,很多时候,贫穷最终都是因为"脑袋贫穷"而造成"口袋贫穷"的。"投资都是有钱人的事""投资的事干脆等以后有钱再说""收入还过得去没必要投资"……

如果你一直被这样的"贫穷"心理枷锁套着的话,自然难逃贫穷的命运。

巴菲特有句名言："30岁以前人要靠体力、智力赚钱，30岁之后要靠钱赚钱。"只有通过有效的投资，让钱找钱，钱追钱，钱生钱，才能较快地积累起可观的财富，实现财富自由。否则，不管到什么时候，不管你的薪水多高，也依然摆脱不了穷人的头衔，顶多能做个"高薪穷人"。而对于那些善于投资理财的人而言，哪怕只是一个不大的基数资本，在他们手中都可以被用来投入到一切可以滋生收益的合法项目中。事实是，一个即使很微小的量的增长，假以时日，都能"膨胀"为一个庞大的天文数字。

不过，必须要明确知道，投资不是赌博，它需要投资者有正确的操作理念，尊重趋势，顺势操作，积小胜为大胜，这样才能跻身赢家之列。因此，进行投资理财之前，进行一定的准备工作是非常必要的。

本书正是为投资新手量身定做的，书中阐述了投资学及多种投资项目的基本知识，并提供了很多实用的理财建议和避险方式。希望每一位投资小白都能够在书中汲取适合自己的"营养成分"，逐渐成长为投资大咖，让自己的财富发挥"滚雪球"效应，进而实现人生梦想！

目 录

CONTENTS

第一章
投资理论——投资不是赌博，不靠运气靠脑子

投资者回报率：我到底赚了多少 \ 002

宏观经济：大环境决定小投资 \ 004

杠杆原理：空手套白狼的投资智慧 \ 006

二八定律：如何成为那20%的人 \ 008

风险："投资需谨慎"绝不是一句套话 \ 010

第二章
投资规划——成功的投资一定是理性规划的结果

风险评估：谨防偏好性的投资方式 \ 014

投资方向：因人制宜，因时而异 \ 016

资产配置：把鸡蛋放进篮子里的艺术 \ 020

投资心态：投资，必须先过心理关 \ 023

第三章
储蓄投资——与时俱进，传统理财方式重获新生

利息：利息算明白，存钱不糊涂 \ 028

利益最大化：制定"最赚钱"储蓄策略 \ 030

互联网金融：手机成为吸金神器 \ 032
"P2P网贷"：自己也能做银行家 \ 035
外币储蓄：规避资产缩水的安全投资 \ 039

第四章
基金投资——投资新人踏入投资世界的第一步

基金：让专家帮你赚钱 \ 042
基金术语：合格"基民"要清楚的概念 \ 044
买卖指南：手把手教你买卖基金 \ 047
操作技巧：基金高手的养基经验 \ 050
分散风险：基金也要买"套餐" \ 053
基金定投：懒人投资的首选 \ 056

第五章
股票投资——懂得风险控制，才是合格的投资人

股票种类：分得清才能选得对 \ 060
看盘：看懂股票的行情是基本功 \ 063
基本面分析：选股就是选企业 \ 066
短线：赚取短期利润的七大理念 \ 069
买卖：把握时机，低买高卖 \ 071
操作误区：赚钱从改变思维开始 \ 075

第六章
债券投资——低利率时代的好选择

债券：分好类才能投好注 \ 080
国债：稳健投资者的首选 \ 083

利息保障倍数：看懂这个指标再买 \ 086

收益性：如何买债券才有高收益 \ 089

风险：债券投资不是万无一失的 \ 092

第七章
保险投资——转移风险，双利投资

保险：最重要最优先的一笔投资 \ 096

五先五后原则：你的保险买对了吗 \ 098

险种：不同人生阶段，不同保险计划 \ 101

保险金：投的多就报销的多吗 \ 104

投资性保险：适合投资的三类险种 \ 107

第八章
期货投资——以小博大的生意经

期货：短期内最能赚钱的投资品种 \ 112

期货交易：快速实现期货投资入门 \ 115

期货品种：选对品种，才有得赚 \ 121

避险：降低期货投资风险的5个方面 \ 123

第九章
外汇投资——用钱赚钱的投资理财新渠道

外汇：容易赚钱，也容易亏钱 \ 126

汇率：投资新手必备的基础知识 \ 129

外汇交易平台：小心黑平台 \ 133

介入时机：增大收益减少亏损的精髓 \ 136

第十章
黄金投资——投资理财永远的"稳压器"

黄金：黄金的独特投资优势 \ 140

金价：对价格的准确判断是盈利基础 \ 143

品种：选择适合自己的投资品种 \ 145

投资策略：迅速掌握盈利技巧 \ 150

第十一章
房产投资——念好"稳字诀"

房产：升值空间是重要参考指标 \ 154

买涨不买跌：把握最佳购房时机 \ 156

新房：选得安心，买得放心 \ 158

二手房：避开陷阱，少花冤枉钱 \ 161

巧还贷：从贷款中赚出更多钱 \ 164

第十二章
收藏品投资——只要独具慧眼，鱼和熊掌可以兼得

收藏市场：行情变了，策略也要变 \ 170

书画：不辨真伪，犹如盲人骑瞎马 \ 172

邮票：小投资换来大收益 \ 175

钱币：价值不菲的收藏品 \ 179

古玩：玩的是知识、财力、魄力 \ 183

第一章

投资理论

——投资不是赌博,不靠运气靠脑子

将投资交托给"运气"的人,很容易成为投资浪潮中的牺牲品。掌握正确的操作理念和方法,尊重趋势,顺势操作,避免武断,积小胜为大胜,才能跻身赢家之列。

投资者回报率：我到底赚了多少

投资之前，我们必须要知道一个投资项目是否值得投资。那么，怎么才能知道呢？

这就涉及一个投资学术语——投资回报率。简单说，投资回报率就是指通过投资而应返回的价值，是每一个投资者都应该学会如何去恰当运用的决策工具。

不过，为数众多的人在进行投资的时候都会认为投资过程中获得回报是能预期的，觉得实在没有必要费心去想是否需要计算和如何计算投资回报率。另外，还有一种现象让投资者对计算投资回报率失去"兴趣"，这就是计算投资回报率的方法一直以来没有得到业界一致的认可，计算的结果往往会令很多人对原本极有信心的项目望而生畏，所以很多投资者都有意或无意地淡化投资回报率的计算。

实际上，这种想法以及做法是不对的。如果在进行理财投资时，不重视、不懂得如何去正确地计算投资回报率，就会使得整个投资过程带有一定的盲目性。而如果在进行投资之前对投资回报率进行研究，并采用一种科学的计算方法，则可以使投资的过程更加有目的性，有助于破除迷茫，打破阻碍，直线前进。

那么，投资回报率应该怎么计算呢？

预估和计算投资回报，通常有两种计算方式：一种是报酬额，就是以绝对数额表示的金额；一种是回报率，就是用相对值表示的比率（报酬数额/本金数额）。那么，是应该采用百分比计算还是用实际金额计算？到底哪一种方式更能反映资金的使用效率？

为什么非要在两者间做出一个选择？这是因为用这两种方式评估出来的结果是不同的，有时甚至截然相反。举个例子来说，假如有两个投资方案，A方案投资1万元，一年后预计可获得1000元的收益，回报率是10%，B方案投资5万元，一年后预计可获得2000元收益，回报率为4%。假定两者的投资风险一样，那么，你会选择A方案，还是B方案？

从绝对额上看，B方案显然优于A方案（2000元的收益是1000元收益的两倍）；而从相对值上看，A方案又显然优于B方案（10%高于4%），这样就产生了"矛盾"。

实际上，两者看似矛盾，却是不矛盾的，要具体情况具体分析。可分两种情况：一种情况是如果两个方案是独立的，互相之间不排斥，可以优先选择A方案，因为A方案10%的回报率远高于B方案4%的回报率；第二种情况是如果两个方案相互排斥，只能任选其一的话，那么应该选择B方案，原因在于计算回报率的时候，已经把资金成本考虑进去了。

这不难理解，简单来说，如果你有充裕的投资资金，自然要选择回报率较高的投资；但如果你投资资金不充裕，只够先进行一种投资，那么选择绝对额较高的投资可以更充分地发挥资金本身的增值作用。

这里，有一点需要搞清楚，这一选择方式实际上是有一定缺陷的，因为事先已经假定了投资风险，而且对报酬进行计算时也是以净值而非总值来确定回报率的。但实际上，一般情况下，投资回报率越高的项目其风险也往往越大。无论是什么投资项目，蕴含其中的风险因素都包括时间与不确定的流动性。从时间因素来看，一项投资所需要的时间越长，它的回报率就会越高，而项目中所蕴含的风险也就会越大。

宏观经济：大环境决定小投资

宏观经济，顾名思义是指宏观层面的国民经济，即整个国民经济或国民经济总体及其经济活动和运行状态，如总供给与总需求；国民经济的总值及其增长速度；国民经济中的主要比例关系；物价的总水平；劳动就业的总水平与失业率；货币发行的总规模与增长速度；进出口贸易的总规模及其变动等。

许多人可能不理解，为什么要在投资之前了解宏观经济？它跟我们的投资活动有什么关系呢？

实际上，任何投资都是在整体经济大环境中进行的。一般来说，当经济出现过热局面，总需求大于总供给时，政府往往就会采取各种紧缩性政策抑制过度需求，如提高利率、增加税收、紧缩银根等，对投资者来说势必增大其筹措投资资金与投资物品的难度，降低其投资收益水平，从而抑制投资行为。相反，经济低迷时，政府就会采取扩张性政策如降低税率与利率、增加政府支出、增加进口等，通过这些手段来刺激消费需求，投资者此时投资不仅易于筹措资金与投资品，还可降低投资成本，所以投资需求将会增大。投资者如果能够看清国家宏观经济形势，就可以先发制人，提前做好准备工作，针对不同经济运行态势采取不同的投资策略。

所以，做投资的人必须深入理解宏观经济环境。引用中国社会科学院金融研究所研究员易宪容的话来说就是："不要感觉宏观经济不重要。作为一个好的投资者，一个真正赚钱的投资者，你首先要明确的就是'大势'。只有大势看对了，投资收益才会在市场低迷时仍保持较好水平。如果你看不清楚大势，不了解宏观经济情况，那么你很有可能会在微观方面被打得落花流水。"

对于大多数不懂经济的投资新手来说，如何分析并判断国家宏观经济是难点。

1. 学习了解各种经济政策的功能特性等

对于同一经济现象的分析，理论素养不同，分析水平就不同。提高把握宏观经济形势能力的素质，首先必须加强学习。只有对各种经济政策的目标、政策手段、政策工具、种类等有了全面深刻的认识，才能知道在何种经济形势下应采取何种政策措施，才能做出正确的分析与预测。

2. 对现行政策进行有效的评价

学习理论是基础，掌握实情才是关键。只有掌握了实情，才能准确把握宏观经济形势的客观状况和发展趋势。比如我们要了解目前实行的政策取得了何种成效，在哪些地方还存在不足，在哪些领域失去效用等，为预测下阶段可能的政策措施打基础。

3. 对各种经济政策的预测

掌握实情，是把握宏观经济形势的基础和前提，但要真正准确研判宏观经济形势，还必须密切结合政府制定各种经济政策的主要依据，如当前经济运行中的问题、经济发展的客观要求及其他因素如国内国际政治条件的变化等。

当然，经济政策的制定与实施并非无本之木，它总是产生于一定经济环境之中，为一定的经济目的服务。因此，投资者在对国家宏观经济进行分析时，必须结合对国民经济形势的分析。只有在深入了解整体经济形势的基础上，才能正确分析各项经济政策。

杠杆原理：空手套白狼的投资智慧

投资中的杠杆原理主要是指利用很小的资金获得很大的收益。举个例子来说，假如你用70万元全款买了一套房子，在过去的三年里，房价平均每年上涨15%，也就是说现在这套房子市场价值105万元。如果将这套房子卖出，获得105万元现金，收益为35万元，扣除税费和其他费用，可获利30万元。这三年里房租回报率按5%计算，约有10万元左右。这样加在一起，这套房子获利40万元。三年的回报率约为60%，年回报率约为20%。这是你用自己的钱全额投资，没有杠杆作用。

如果不是自己投入全款，而是从银行获得了70%的按揭贷款，自己首付21万元将这套房子买下。其他条件不变，三年内赚到了40万元，这样年回报率就达到了60%（三年银行利息不多，可忽略），这就是借用了杠杆的结果。

从这个例子可以看出，杠杆起到了四两拨千斤的作用，大大提升了自有资金的回报率，使收益率远远超过市场的平均收益率。

在投资中，杠杆的作用常常用"倍"来表示，比如有100元，投资1000元的生意，这就是10倍的杠杆。如果投资10000元的生意，就是100倍的杠杆。外汇保证金交易就是充分运用了杠杆原理，其杠杆从10倍、50倍到100倍、200倍、400倍的都有。最大可以使用400倍的杠杆，1万元可以当400万元使用，可见利用率有多高。

还以买房子为例，如果买一套市价100万元的房子，支付了20%的首付，那么就用了5倍的杠杆。假如房价增值10%的话，投资回报率就是50%。如果首付是10%的话，就用了10倍的杠杆。房价增值不变的话，投资回报率就是百分之一百，也就是一倍！可见，杠杆的作用十分大。

因此，许多投资者恨不得把杠杆用到100倍以上，这样才能回报快，一本万利。但你不要忘了，它可以把回报放大，也同样可以把损失放大。沿用上面的例子，如果首付20%买了市价100万元的房子，假如房价跌了10%，那么就损失了50%；如果首付10%，跌幅同样是10%，那么损失就是100%。

但是，更不能因噎废食，实际上，也并非杠杆比例越大风险就越大，这还需要具体问题具体分析。做外汇、期货或者是其他涉及保证金交易的都会接触到杠杆，杠杆就意味着放大倍数，以小博大，少量的钱能控制大额的资本。在数值上杠杆等于保证金比例的倒数，比如美精铜的保证金比例是5%，那么其杠杆是20倍，国内的沪铜保证金比例是12%，其杠杆就是8.3倍左右，国外杠杆要比国内高。很多人一听到高杠杆就马上觉得高风险，其实高杠杆与高风险是没有关系的。风险只与你的持仓比（持仓比是指你账户中交易占用的资本占总资本的比例，未占用资本就是你的回旋空间）与所做方向有关，你的持仓比超过了50%以上，称之为重仓，我们就说此时你风险很高。因为一旦行情反向变动，你的账户可以抵御风险的空间与回旋余地就越小，就很有可能爆仓出局。

也就是说，杠杆比例的高低没有绝对的好坏之分，对于投资者来说，在使用财务杠杆之前只需要把握住一个核心，那就是成功与失败的概率有多大。如果赚钱的概率比较大，那么就可以使用很大的杠杆，这样赚钱快，而且利润高。相反，如果失败的概率大，那么就要慎重投资，即使投资的话，也不要使用高杠杆。

二八定律：如何成为那20%的人

一位日本商人来到东京的S百货公司，要求租赁该公司的一席之地推销他的钻石，并高调宣布自己每月可做成2亿日元的交易。S公司将位置有些偏、顾客也不是很多的M店的经营权交给了他，并断言商人每月能做成2000万日元的交易，就算是奇迹了。

要知道，钻石可是一种高级奢侈品，只有有钱人才会购买用作装饰品，一般收入的人是购买不起的。而拥有巨大财富，居于高收入阶层的人数比一般收入者要少得多。因此，S公司的人都认为：消费者稀少，可投资的空间肯定不高。

但结果呢，这个自信商人用事实证明了自己的"豪言壮语"：他先是取得了日销6000万日元的业绩，然后没用多长时间，就突破了3亿日元的月销售额。

这个日本商人的成功，其实就验证了投资市场的"二八定律"——20%的人手里掌握着80%的财富。而他做的本就是少数人的生意，只要能抓住可以消费得起的那20%的客户，生意自然不愁。同时，它也证明了投资要有自己的看法和判断，如果这个商人的看法与大多数的人看法相同，他自然就不会获得成功。

那么，作为投资者，我们如何才能成为那20%赚钱的人呢？

1. "二八定律"之理财目标

根据"二八定律"，20%的理财关键目标决定了理财80%的收益结果，即80%的投资收益来自20%的理财关键目标。所以，理财要分清主次，专注于20%的理财目标，并根据时间设置近期目标和远期目标，将关键目标和次要目标区分清楚，分级对待。

2."二八定律"之投资决策

根据"二八定律"，20%的投资理财决策将会对投资最终效果产生80%的影响力，所以，理财决策要抓关键、抓重点，而不要事无巨细地在一些微不足道的小事上花费过多的精力和时间。

3."二八定律"之资产配比

根据"二八定律"，可分为两个层面，第一个是投资收益层面，要将主要的投资资金分配到收益率高且稳健的理财产品上。第二个是投资风险层面，要将20%的资金投资于风险性较高的理财产品；80%的资金投资于低风险性产品。

4."二八定律"之风险意识

根据"二八定律"，股市中有80%的投资者只想着怎么赚钱，仅有20%的投资者考虑到赔钱时的应变策略，结果就是只有20%的投资者能长期盈利，而80%的投资者却赔钱。与此相应的是，成功的投资者用80%时间学习研究，用20%时间实际操作，而失败的投资者用80%时间实盘操作，用20%时间后悔。

所以，要想成为"二八定律"中的"二"，投资者一定要养成投资前详细分析、冷静判断的习惯，要保持独立的想法和判断，不要人云亦云，随大流。不要平均地分析、处理问题，而要努力抓住关键的少数，这样才有可能让自己成为"二八定律"中的20%，才能在投资领域走得长远。

风险:"投资需谨慎"绝不是一句套话

投资,自然是为了追逐收益,但追逐收益,就意味着要承担风险。风险和收益就好比是一对孪生兄弟,更高的收益往往意味着更高的风险。很多投资者,特别是非专业投资者,往往只关注收益率的高低,而忽视了产品中蕴藏的风险因素,盲目投资,殊不知,这种做法是很危险的。我们甚至可以绝对一点说,不了解风险,就干脆别碰投资。

那么,什么是投资风险呢?

投资风险,就是指在投资中可能会遭受收益损失甚至本金损失的风险。通常情况下,收益越高,风险越大,两者呈正比关系。

投资风险基本上分为两大类:购买力的损失风险和本金的损失风险。购买力的损失风险是指在投资的过程中收益太低,无法对本金因税收和通货膨胀而减少的那部分进行补偿。本金的损失风险是指因为没有很好地规避风险使投资的本金受到了损失。

对个人投资者来说,既不能因噎废食,不去投资,也不能马虎大意,盲目加入进去。正确的做法是:提高抵御投资风险的意识,采取多种手段,将风险降到最低。

具体来说,我们有以下建议:

1. 全面了解

许多理财产品的风险具有很强的隐蔽性和欺骗性,缺乏相关金融知识的人往往不容易发现风险点,或者容易被迷惑,这也是使很多投资者造成损失的一个重要原因。另外,一些金融机构在介绍理财产品时,往往将产品的前景描绘得很好,而将风险点掩藏起来,这就更加大了迷惑性,让投资者不知不觉中上了当。毫不夸张地说,投资陷阱无处不在,形形色色,大大小小,迷惑性极强。

因此,投资者在做某项投资之前一定要慎之又慎,一定要充分了解该理财产品,然后再根据个人需求选择性价比高的项目投资。事实上,成功的投资不是买好的,而是买得好。如果你投资了一个优势项目,它能让你的财富一直增长。相反,你选择了一个劣势的产品,你的资金就被套住了,至于什么时候能解套,是无法做出准确预测的。只有买得好,才能有效降低风险。

2. 分散投资

严格来说,每项投资都是有一定风险的,哪怕是再优秀的企业,都有风险的基因,所以一定不要百分之百相信某个企业的产品。

因此,众多投资专家忠告广大投资者:"鸡蛋不能全放在一个篮子里。"这其实就是分散投资的一个通俗比喻。实行分散投资的意义就在于降低投资风险,保证投资者收益的稳定性。因为一旦一种投资项目不景气时另一种的收益可能会上升,这样各种投资的收益和风险在相互抵消后,仍然能获得较好的投资收益。而把所有的鸡蛋都放在一个篮子里的做法,无疑是一种赌徒行为。因为一旦判断失误,无论投资者操作技术有多高超,都有可能无力回天。

3. 顺应趋势

投资要懂得顺应趋势而为,这样不但可以将自己的收益最大化,而且还能将损失最小化。趋势的力量源于投资者对市场的信心,只要投资者有信心了,加入的人自然就多了,产品也就火了起来。实际上,这是利用人们的心理而采取的投资行为。作为投资者,一定要懂得深度分析投资市场,用投资心理去揣摩市场,只有这样,才会见微知著,发现投资良机。

4. 及时止损

当你投资的商品价格下跌到某一水平,使你的亏损达到保障金额的某一个百分等级的时候,你应设法停止亏损,不要被损失所纠缠,而应当机立断,忍痛割爱,及时放手。

在投资中,及时止损至关重要。事实上,亏损的单子就好比是恶性肿瘤,大多数时候是越长越大的,早期发现早下决断往往会有更好的结局。投资者应根据自己的资金实力、心理承受能力,以及所交易品种的波动情况设立合理的止损位。只要能及时止损,投资的风险就会降低很多。

总之,在投资之前,一定要有抵御投资风险的意识,不要急于、盲目投资,而要慎重考察一番,包括对自己抵御风险能力的考察,对要投资产品的考察,一定要做必要的调查研究,收集必要的资料,作为决策的依据。对那些把握不大的投资,要慎之又慎,如确实信心不大,放弃为上策。

"投资有风险,入市需谨慎。"这句人人耳熟能详的话绝不仅仅是一句套话。任何投资者对投资风险的忽视或是低估都是幼稚的,也定会付出沉重代价。

第二章

投资规划

——成功的投资一定是理性规划的结果

投资者只有依托现实,根据自己的实际财务情况,设立合适的投资目标,制订合理的计划,坚持实施才可能达到事半功倍的效果。

风险评估：谨防偏好性的投资方式

在做好资产规划之后，不要盲目进入投资市场，在投资前，投资者还需做到对自己的风险承受能力心中有数。因为投资既是一种收益行为，同时也是一种风险行为。任何一种投资都带有一定的风险，不了解自己的风险承受能力，就不能准确地把握住自己的投资方向。

那么，如何才能正确评估自己的风险承受能力呢？

1. 借助测试工具评估

风险测试是根据人的年龄、对理财知识的掌握、家庭状况、投资经验等诸多因素来确定一个人的风险承受能力的高低。网络上这类小测试有很多，不妨找些来做做，可以大致了解自己风险承受能力的高低。

2. 客观评估

通过客观测算，是可以确定自己的理财风险承受能力的。一般来说，主要是根据经济实力来判断。比如：是否有足够的保险，当生病住院或者其他意外发生时，保险可以覆盖大部分的损失，不至于大幅影响投资计划；收入是否能够覆盖支出，如果收入很低，平常花销都指望本金，那承受能力就会大幅下降（比如退休老人）；资金是否有时间限制、特定用途，比如马上就要买房/结婚的钱，这样的话一旦亏损，根本受不了；是否有父母/小孩需要赡养，家庭负担越大，就必须预留更多的预备金，承受风险的能力也会下降；是否有年龄的局限，年纪小的，即使亏了，也有东山再起的机会，四五十岁的，亏光之后要从头再来，谈何容易。

3. 主观评估

主观方面的测算，主要是指对于风险的心理承受能力。有些人对金钱特别敏感，很难面对投资的挫折，哪怕账面上有微小损失也令他们难以入睡。而另一些人在面对损失时，却能够以平常心看待，能够处之泰然，将其看作是漫长投资历程中的一个小插曲而已。

下面这个简单的方法可以用于自我假设测试：

当你准备投资基金时，不妨先假设买了基金之后，市场突然大跌，你惨遭套牢。然后你再问自己："我会不会难过到吃不下饭、睡不着觉？我的工作、生活会不会因此受到很大影响？我可以忍受跌到什么程度？"如果答案是你根本无法承受下跌风险，那就表示你不适合投资基金，你就要有自知之明主动选择放弃。而如果答案是你可以忍受基金较大幅度的下跌，并且保证对你的工作、生活没有什么不良影响，那么恭喜你，你可以放心投资基金了。

其实，在投资中，保持平和的投资心态是最重要的。投资的结果往往是由人的心理因素决定的。风险一旦超过你的心理承受能力，就会对你造成较大的心理压力，给你的投资决策造成一定的影响。只有保持平和的投资心态，才能做出合理的分析，争取到最终的胜利。

当然，评估自己的风险承受能力不是我们的最终目的，我们的目的是在此基础上选择适合自己的投资项目。因此，我们还需要了解各种理财产品的风险，这样才能选出符合自己风险承受能力的理财产品。

投资方向：因人制宜，因时而异

明确投资方向是建立一个安全健康财务生态体系的前提，只有明确方向，你才能在对现状明确认知的前提下，选择一条到达理想和目标的最佳路径，为自己及家人建立一个安心富足健康的生活体系，实现人生各阶段的目标和理想，最终达到财务自由的境界。

那么，我们应该如何确定投资方向呢？

1. 因人制宜

投资，不是有钱人的专利，实际上，越是经济拮据的人，对风险的抵御能力越差，对改善生活的要求越迫切，便越是需要投资理财，以改变窘境。只不过，收入不同的人群，投资方法和侧重点也会有所区别。

（1）闲钱不多的人

如果现阶段的收入扣除每月的必要支出之后，余钱所剩不多，那么，这类人投资理财的重点应该放在养成资金管理习惯上。

第一步，削减开支。你可以利用制作收支表的方式，或者还有一个更简单的方法，如果你以手机支付居多的话，可以每月整理一遍账单，看一下哪些钱是可以省下的，然后根据账单对资金结构进行合理安排。以上个月的消费水平为参照，逐月递减，逐步减少开支至可接受范围。

第二步，初步投资。削减开支的过程，也是我们不断学习投资专业知识来充实自己的过程。这样，等有了一定的资金能力，我们就可以购买一些国债、可转换债券、债券型基金等固定收益类产品。虽说这类产品的收益不高，但优势是比较稳定，风险也比较低，对自己的本金不会构成太大威胁。对于闲钱不多或低收入人群来说，可以尝试利用自己的资本进行这样的初步投资。

（2）有部分闲钱的人

如果收入在覆盖日常支出的同时，还有一部分存款，那么，这类人投资理财的重点应该是进行开源式投资。

我们可以先预留出大概三到五个月的工资做流动备用金，用于投资债券、央行票据、回购等安全性极高的短期金融品种。因为我们需要综合考量短期和长期生活安排，合理考虑现实能力与未来预期目标，不要盲目设定过高的理财规划，保证必要资产的流动性和合理的消费支出。而这类"准储蓄产品"，可以让我们"本金无忧、活期便利、定期收益、每日记收益、按月分红利"，风险相对较小，需要钱时可随时变现。

（3）"不差钱"的人

不差钱，投资的"话语权"自然就更大。那么，这类人投资理财的重点是让自己的财产保值和增值。

投资者可以相对增加所涉及的投资种类。建议制订一些全面的资产配置计划。例如：可将基金、结构性存款、集合理财和房地产等实业投资结合起来，具体包括股票投机、房地产投机、信托、债券基金和私募股权基金等。这些投资方式从长期来看收益都不低，而且分散投资可以最大限度地降低投资风险，对于想保值增值的人来讲，组合投资是比较科学的。

2. 因时而异

投资会因人制宜，也要因时而异。因为在人生中的不同阶段，个人的收入、支出、风险承受能力与理财目标也各不相同，所以投资策略也应有所差异。

（1）单身期

这一时期是为未来家庭积累资金的时期，投资理财的重点其实是要赚到投资的第一桶金，并不断学习投资理财知识。

当然，如果可以，最好拿出部分储蓄进行高风险投资，目的是学习投资理财的经验。具体的资金配比可参考下面的建议：将积蓄的60%投资于风险大、长期回报高的股票、基金等金融品种；20%选择定期储蓄；10%购买保险；10%存为活期储蓄，以备不时之需。另外，由于此时负担较轻，年轻人的保费又相对较低，也可为自己买点人寿保险，减少因意外导致收入减少或负担加重的风险。

（2）家庭形成期

这一时期是家庭消费的高峰期，因此，投资理财的重点应放在合理安排家庭建设的费用支出上，等稍有积累后，可以选择一些比较激进的理财工具，如偏股型基金及股票等，以期获得更高的回报。对此，我们的投资建议是：将积累资金的50%投资于股票或成长型基金；35%投资于债券和保险；15%留作活期储蓄。

（3）家庭成长期

这一时期，孩子上大学是一个分水岭。从孩子出生到上大学之前，家庭的最大开支是子女教育费用和保健医疗费等。投资的话，可将资本的30%投资于房产，以获得长期稳定的回报；40%投资股票、外汇或期货；20%投资银行定期存款或债券及保险，而且购买保险应偏重于教育基金、父母自身保障等；10%是活期储蓄，以备家庭急用。而在孩子上大学之后，可继续发挥经验，发展投资事业，可将积蓄资金的40%用于股票或成长型基金的投资，但要注意严格控制风险；40%用于银行存款或国债，以应付子女的教育费用；10%用于保险；10%作为家庭备用。

（4）家庭成熟期

这一时期，子女开始独立，家庭负担逐渐减轻，自己的经济状况已达到了最佳状态，最适合积累财富，因此理财应侧重于扩大投资。不妨将可投资资本的50%用于股票或同类基金；40%用于定期存款、债券及保险；10%用于活期储蓄。不过，随着退休年龄逐渐接近，用于风险投资的比例应逐渐减少。而且，还要存储一笔养老金，并且这笔钱是雷打不动的，最好的选择是增加保险投资，且应偏重于养老、健康、重大疾病险，虽然回报偏低，但却有利于累积养老金和资产保全。

（5）退休以后

这一时期，应以安度晚年为目的，因此，最好不要进行新的投资，尤其不能再进行风险投资。用于股票或股票型基金的资本，最好不要超过可投资资本的10%；50%投资于定期储蓄或债券；40%进行活期储蓄。如果是资产比较丰厚的家庭，可以采用合法节税手段，把财产有效地交给下一代。

总之，投资理财是细水长流，是把握生活中的点滴，是将投资理财的观念渗透于生活的每一个细胞中，是通过建立财务安全的健康生活体系实现人生各阶段的目标和理想，最终实现财务自由。只有学会投资，增加理财知识，掌握正确的投资理财方法，才能让你的财富保值增值。

资产配置：把鸡蛋放进篮子里的艺术

资产配置，简单说，就是要把钱放在对的地方。用一句俗话说就是："不要把所有的鸡蛋都放在一个篮子里。"

看到这里，也许有的人会说：资产配置的道理我懂，就是分散投资，这个也买一点，那个也买一点。例如有一位投资者，他的资产虽然不多，但分布之广泛，足以让人惊讶——股票、基金、债券、外汇、黄金……多到他自己都搞不清楚自己到底买过什么产品。

这其实是对资产配置的误解。事实上，分散投资并不等同于资产配置。分散化投资对不同投资赚钱的概率大小不做区分，寄望于某些品种的上升来抵消某些品种的下降，通过社会整体进步获得平均回报率。而资产配置追求的是"提高确定性"，也就是在当时的情况下，分析各类资产赚钱概率的大小，对于赚钱概率大的资产，加大其配置比例，对于赚钱概率小的资产，哪怕后来证明可以带来很高收益，也要降低配置比例甚至不予配置。

通俗一点来说，就是分散投资仅仅是"不把鸡蛋放在一个篮子里"，而资产配置还要考虑到：鸡蛋到底要放在几个篮子里，每个篮子里到底要放几个鸡蛋才好呢？怎么放才能保证每个鸡蛋都完好无损呢？等等问题。

虽然资产配置有很多讲究，但要做好也不是无章可循。

1. 资产比例

有一种稳扎稳打的资产配置方案，被称为"4321"法则，具体分配是：收入的40%用于供房及其他相关方面的投资；30%用于家庭生活开支；20%用于银行存款以备不时之需；10%用来购买保险。这个资产配置方案相对保守，安全性高，适用范围很广。

当然，资产配置方案是多元化的，不同风险偏好的人有不同的资产配置方法，具体情况具体分析，不能一概而论。只能在保持慎重对待的基础上，多调查，多研究，综合分析，审时度势，择优而行。

不过，不管如何配置，一定要遵循以下三个原则：

一是安全性。保证一定的安全性是投资理财的第一要务和原则，是保证各项目标实现的基础。对个人投资者来说，没有一定的安全性，在很大程度上，投资理财就失去了诱惑。所以，资产配置要在保证资产有一定的安全性的前提下进行。

二是流动性。在进行资产配置时，要做到既保证现在又兼顾未来，以防出现紧急情况时措手不及，这也就是要求资产要保持一定的流动性。这种情况下，现金以及容易变现的资产配置要保持在一个合适的比例，教育、住房、养老要尽早规划。另外，保险也是一项必不可少的投资理财方式。

三是收益性。投资理财的目的是获得财务自由，说得俗些，是为了赚钱，即获得收益，让以后的生活更加有保障。这种情况下，在资产配置中，要坚持高风险理财产品与低风险理财产品相结合的原则，坚决避免为了追求高收益而置风险于不顾的资产配置方式。

2. 资产性质

资产配置，其实是要在风险与收益之间谋求一种平衡，而不是单纯追求收益最大化。因此，一项科学的资产配置方案中，投资组合内的各类资产之间要具有弱相关性，最理想的情况是资产之间具有负相关性，即一类资产表现较好的时候，另一类资产表现不佳。这样，两类资产的负相关性可以相互抵消回报率的上下波动，获得较为稳定的平均收益。这样一来，组合的平均报酬率不变，但是风险（波动性）会减小，达到了资产配置的目的。

否则，当投资的几种资产相关性比较高的时候，它们的波动几乎会同步进行，涨就一起涨，跌就一起跌，如果发生这种情况，资产的再平衡就很难实现，而且一旦发生了某些极端事件，也可能导致所有资产同时大规模下跌，也就意味着更大的风险。

3. 投放时机

资产配置的效果既取决于"数量"配比，也与投放的时机紧密相关，不管哪一方面处理不妥当，都会直接影响到投资的效果，甚至导致投资的失败。

比如，2004年投资买房，2006年卖掉房子买股票，2007年卖掉股票，2008年年底再买房或股票，这样资产就可以翻一番。如果顺序变成：2004年买股票，2006年卖掉股票买房，2007年年底卖房买股票，2008年年底再买股票，那么就会血本无归，这是投入的时机导致的。

当然，做好初始资产配置后，并不能一直固定不变，因为市场在不断的变化中，你的风险和回报的平衡，也将随着金融市场的节奏而起舞。因此，你一定要学会适时地调整你的资产配置方案。

在资产配置上，投机大师科斯托兰尼说过这样一句意味深长的话："有钱的人，可以投机；钱少的人，不可以投机；根本没钱的人，必须投机。"细细琢磨一下，感觉这句话颇有道理，大多数人都属于"钱少"的人，资产比上不足比下有余，这种情况下，投资理财需要谨慎，不可像赌徒一样，孤注一掷，将全部身家都压上，而要多多利用资产配置的技巧，让资产持续、稳定地增长。

投资心态：投资，必须先过心理关

投资，不仅需要我们有知识、有技巧，良好的心态也是非常重要的。要想在投资中获得稳定的收益，我们必须先过下面这些心理关：

1. 不跟风

跟风心理，是投资行为中很常见的现象。听说养花挣钱，家家都养郁金香；听说养狗挣钱，家家又都养藏獒。这种行为无疑是投资大忌，尤其是对于一些新手而言，他们尚未掌握基本的投资知识，只是听别人随口一说，就急于开始投资，并且对周围一些收益较好的投资者、专业证券机构有一种盲目的信任和崇拜心理，这都是非常不理智的。

正如美国"股神"巴菲特的一句至理名言："在其他人都投了资的地方去投资，你是不会发财的。"要想赚钱，就要改变自己跟风的心理，特别是在不了解投资内情的情况下，更不要盲目地跟风，一定要找到适合自己的投资方式。

2. 不贪婪

其实，投资行为本身或多或少就带着一丝贪婪的"原罪"，因为投资的目的就是追求利益。然而，只有合理的欲求才可以被称为追求，不合理的欲求就是贪婪。投资者在克制自己贪婪心理的时候，也应该遵循这一规律，既不能止步不前，被市场淘汰，也不能野心太大，毫无自制能力，否则会沦为欲望的奴隶。

那么，如何才能在人类贪婪本性的面前保持基本的理性呢？

最简单的方法就是：投资者时刻提醒自己"天下没有免费的午餐"。与其相信一些关于创造财富的演讲"大师们"吃着十几块钱的盒饭，却要登台讲一些可以创造千万财富的鬼话，不如多抽出时间去查阅一些专业书籍；还有就是要慎重对待那些高回报的投资。众所周知，投资行为的收益和风险是成正比的，财富经营，要细水长流，不避风险是赌徒的心理，这样的投资者永远不能成为真正的投资者。

3. 不恐惧

恐惧是人类较为常见的心理反应之一，对于投资者来说，遐想和臆断往往是投资中产生恐惧心理的源泉，它们可以让投资者陷入自我斗争的恶性循环中无法自拔，直到崩溃。所以，投资者绝对不能放任自己的恐惧。

那么，我们应该如何克服投资中的恐惧心理呢？

一是在交易前做好规划。做好投资规划，就意味着我们明白自己是为何而进场，也明白市场会在什么样的情况下告诉我们判断出错，更能明白在止损离场的时候自己可能要承担多少损失。做好规划，就说明心中有底。在心中有底、有所准备的时候，我们就不太容易被波动扰乱自己的心智。

二是只在自己熟悉的领域投资。这是一个可以让你减少投资恐惧与忧虑的简单法则："优先投资已知的领域，谨慎投资未知的领域；优先投资熟悉的领域，谨慎投资陌生的领域。"股神巴菲特也在坚持这一观点——"我只投资自己懂的领域，只赚自己熟悉的钱"，他因为这个原因错过了苹果，但同样靠它规避了科技公司泡沫破灭的风险。如果你把大部分的资金用在可预见、可控制的事物上，然后再把额外的资金投在未知的风险资产上，你将为你的财务生活带来一种全新意义上的安全和秩序。

三是不要时时刻刻盯盘。如果投资者时时刻刻都在盯盘，太过在意一时一刻的交易波动，那么不但没有办法看清大趋势的真正走向，而且还会徒增烦恼。这就是为什么很多交易高手都告诉我们说，短线交易没出路，长线交易才是王道的原因。其实不管你盯还是不盯，价格的走势都不会以你的意志而转移的。所以只要设置好价格预警，然后就可以放宽心忙自己其他的事情了。

4. 不冲动

冲动是一种不经过大脑思考而直接用行动表现情绪控制的行为状态。如果投资者不能有效克服冲动心理，投资失败的结局将是注定的。

一名成熟的投资者应该具有长远的目光和全局的眼光。虽说"马无夜草不肥，人无横财不富"，但投资者在遇到市场机遇的时候，也要清楚地认识到那可能是一个泥潭。而这个机遇的出现，很可能就是为了将投资者吸入泥潭，使之永世不得翻身。

那么，如何才能做到不冲动呢？

从专业角度来讲，可以有"冷处理"和"热处理"两种方式。"冷处理"就是通过不断心理暗示的形式，在日常生活中时刻留意自己的冲动心理，哪怕是最细微的事情，也不要让自己有冲动情绪出现，让自己形成一种心理暗示的习惯——一旦头脑中产生一个冲动念头的时候，就必须要及时给自己敲一下警钟，把它扼杀在萌芽状态。"热处理"就是要设置一些规章制度，确切地说是能够制约自己的明文规定，然后在冲动行为出现时，由专人进行提醒和阻拦，直接避免冲动造成恶果。如果投资者有明显的冲动习惯，可以考虑综合使用两种方法。

其实，所谓良好的投资心态，就是需要我们时刻保持一颗平常心，上涨时不疯狂和兴奋，下跌时不痛苦和恐惧。只有做到这一点，你才有可能成为一个稳健而又富裕的投资高手。

第三章

储蓄投资

——与时俱进，传统理财方式重获新生

即使是在投资理财形式多样化的今天，储蓄依然占据着很重要的地位。绝大多数投资都是从存钱开始的。只有积攒下一定数量的资本，才会让投资理财更有可期待性。

利息：利息算明白，存钱不糊涂

我们把钱存入银行，不单是为了保证资金安全，更重要的是存起来能够产生利息。

了解银行的储蓄利息是如何计算的，你才能把钱存明白。

利息计算的基本公式是：利息=本金×存期×利率

要想计算利息，我们还需要了解一些计息的基本规定：

1. 计息金额起点为元，元以下不计利息。
2. 存期算头不算尾，即存入日应计息，取款日不计息。
3. 月按30天算，年按360天算。
4. 到期日如遇节假日、储蓄所不营业的，可以在节假日前1日支取，按到期计息，手续按提前支取处理。
5. 利息金额算至厘位，计至分位，分位以下四舍五入。
6. 过期期间的利息，一律按活期利息计算。
7. 储蓄利息不计复息，即不将利息加入本金再计算利息，不逐期滚算利息。

下面，我们就来具体介绍几种不同储蓄方式下的特定计息方法：

零存整取定期储蓄计息方法

零存整取定期储蓄采用的一般为"月积数计息法"，公式是：利息=月存金额×累计月积数×月利率。

其中，累计月积数=（存入次数+1）÷2×存入次数。

也就是说，存期为一年的话，其累计月积数为（12+1）÷2×12=78，依此类推，三年期的为666、五年期的为1830。

整存零取定期储蓄计息方法

整存零取定期储蓄，也是按积数计息法公式计算利息，不过，它和零存整取储蓄相反，储蓄余额是由大到小反方向排列的。其计息公式为：

每次支取本金=本金÷约定支取次数

到期应付利息=（全部本金+每次支取金额）÷2×支取本金次数×每次支取间隔期×月利率。

存本取息定期储蓄计息方法

存本取息定期储蓄的利息计算方法是：在算出利息总额后，再按约定的支取利息次数平均分配。其计息公式为：

每次支取利息数=（本金×存期×利率）÷支取利息次数

举个简单的例子：假设你存入1万元存本取息储蓄，定期三年，利率年息为7.47%，约定每月取息一次，那么，利息总额是：10000×3（年）×7.47%=2241元，每次支取利息则为2241÷36（月）=62.25元。

定活两便储蓄计息方法：

定活两便储蓄的计息基本公式是:利息=本金×存期×利率×60%具体来说：

存期<3个月：按支取日活期存款利率计息。

3个月≤存期<6个月：按支取日整存整取3个月存款利率打六折计息。

6个月≤存期<12个月：按支取日整存整取半年期存款利率打六折计息。

存期≥1年：按支取日整存整取1年期存款利率打六折计息。

了解了不同储种的计息方法之后，我们就可以根据自己及家庭的具体情况来选择能够获取最大利息的储种来进行存款了。

利益最大化：制定"最赚钱"储蓄策略

相比其他投资方式而言，"银行存款"也许就像养在银行里的一群懒惰而干瘦的小猪，收益极低而且还要扣除利息税，但只要依据个人实际情况，巧妙制定储蓄策略，你一样可以把它养得膘肥体壮。

那么，如何储蓄才能实现利益最大化呢？

1. 分份储蓄

如果你想储蓄1万元现金，可以将它分成不同额度的四份，分别为1000元、2000元、3000元、4000元，然后将其分别存成一年期的定期存款。在一年之内急需用钱时，根据实际需要动用不同额度的存款，这样可避免需取小数额却不得不动用大存单的弊端，减少不必要的利息损失。这种储蓄方法适用于在一年之内有用钱预期，但不确定何时取用，也不知道需取用多少的情况，当然，取用的数额不是很大，不会超出存款总金额。

2. 阶梯储蓄

阶梯储蓄是将现有的储蓄资金均分，然后分别按不同的年限形成阶梯式的定期存款。比如，你手里有5万元现金，先分成5份，每份1万元，然后将其分别存成一年期、两年期、三年期、四年期、五年期定期存款。一年后，将到期的一年期存款续存并改为五年期存款；第二年过后，将到期的两年期存款续存并也改为五年期存款，依此类推。五年后，5张存单都变成五年期的定期存款，而且每年都会有一张存单到期。这样的储蓄方法可以使存单到期保持等额等量平衡，具有很强的计划性，适合于生活有规律的个人和家庭。

3. 交替储蓄

如果你手里有10万元资金，可以分成两份，一份5万，然后分别将其存成半年和一年的定期存款，半年后，将到期的半年存款改成一年期存款，同时将这两张一年期存单设定为自动转存。这样，循环周期为半年，每半年就会有一张一年期存款到期，方便取用。采用这种方法储蓄，既获得了较高的收益，也保持了一定的灵活性，实用性很强。如果你手中闲钱较多，而且在一年之内不会动用，可以考虑这种储蓄方法。

4. 复利储蓄

如果你手里有数额较大的资金，可以将它以存本取息的方式储蓄起来。一个月后，将这笔钱的利息取出来，再开设一个零存整取储蓄账户，将这些利息存储起来。以后每个月固定把第一个账户中的利息取出来放入第二个账户中。这样就产生了"利滚利"的效果，这就是复利存储法，又称"驴打滚存储法"。

5. 连月储蓄

这种方法又称12张存单法，是指每月将一笔存款以定期一年的方式存入银行中，坚持12个月存入，这样就会有12张存单。一年后每个月都有一张存单到期，这样既保证了固定利率，又可以满足一定的流动性需求，兼备了灵活存取和高额回报两大优势。

互联网金融：手机成为吸金神器

一提到储蓄，大多数人还是自然而然想到"去银行存钱"，实际上，随着互联网涉足金融界，"余额宝""理财通"等各种"宝宝"类理财产品陆续被推出，储蓄已经开辟出了一条新渠道，人们纷纷将银行储蓄卡里的资金"搬家"到了手机里。

"宝宝"类理财产品大致可以分为四大类：

第一类是互联网系"宝宝"。是由互联网公司与基金公司携手打造的，如余额宝、理财通等。这类"宝宝"最显著的特点就是便捷化，主要体现为存取方便，时间不受限制，可以随时进行，而且用时短（赎回通常半个小时内就可到账）。另外，这类理财产品可以绑定储蓄卡实现快捷支付，而且多与网上商城直接挂钩，可以轻松实现网上购物和支付。

第二类"宝宝"是银行系"宝宝"。是银行方面顺应时势，推出的多种具有银行特色的"宝宝"类产品。与互联网"宝宝"相比，银行系"宝宝"在正规、专业、安全等方面对投资者更具诱惑性。同时，在收益和便捷性方面也与对方不相上下，所以，吸引了不少客户，挽回了一些"飞走"的资金。

第三类是基金系"宝宝"。是很多基金公司不甘被互联网公司和银行抢了"饭碗"，而"自导自演"，推出的自己的"宝宝"。其最大的特点是资金的超高流动性。例如，许多基金系"宝宝"推出货币基金T+0快速提现业务，支持高额取款，实时到账，往往是几秒钟就可实现。

第四类是保险系"宝宝",是保险公司推出的具有自己特色的"宝宝"产品。其最显著的特点是高收益、高风险。相对于其他"宝宝"4%左右的收益,很多保险系"宝宝"的预期收益率达到了7%左右,比前者高出了一大截。但是,能否达到这个目标,最终还要视资金运营的实际情况而定,预期收益只是个估值,不代表真正的收益率,也就是说其风险性也是极大的。另外,保险系"宝宝"资金流动性很差,不能自由赎回。

纵观互联网金融时代下的这四大品类"宝宝"们,真是各有各的优点,也各有各的缺陷和不足。作为投资者,到底该怎样选择和操作呢?

1. 在选择上

(1)优先选择开展活动的产品

因为任何一种"宝宝"类产品在推出的时候,商家为了让大众迅速了解并接受该产品,往往都给予一定的优惠活动,选择这个时候出手购买,其收益率、流动性以及安全性都要比该产品在市场站稳脚后更为有利。

(2)优先选择"七日年化"收益率高的产品

"宝宝"类理财产品与传统储蓄不一样的地方之一就是"宝宝"产品的收益率不稳定,它们不像传统的定期储蓄,一旦定下了利率,无论之后的金融市场如何波动,物价如何上涨,在约定的储蓄期限内,银行都会按照原先既定的利率保证利息回报。但是"宝宝"类产品则不同,它们每天的利率几乎都在变化,或涨或降,很难捉摸。这种情况下,要想选择收益高的产品,需要参考产品的七日年化收益率。所谓七日年化收益是指某一产品最近七日内的平均收益水平进行年化后得出的数据。"宝宝"产品的七日年化收益基本上反映了该产品的收益与安全情况,两者呈现正比关系。因此,在选择"宝宝"类产品时,要尽量选那些七日年化收益率高的产品。

（3）优先选择提现速度快的产品

理财资金的安全性与其流动性密切相关，流动性越强，其安全性也往往越高，所以在选择"宝宝"类理财产品时，要把资金的流动性当作一个非常重要的因素参考。在选择具体产品之前，可以咨询产品推出公司的客服人员，也可以查询产品的具体信息，以了解产品的提现速度。对于那些提现速度慢，或者在提现期限到来后还无法保证兑现的产品，不要抱着侥幸的心理，要决然弃之。

2. 在操作上

（1）制定多样理财计划

多数"宝宝"都有不同的收益率、提现方法以及安全保障手段。投资者应根据自己的实际情况，制订多样理财计划，让钱"滚动"起来，力争实现收益最大化。同时，还要时刻关注"宝宝"市场的变化，及时了解新推出的投资项目，努力捕捉理财"新秀"，力争选出收益高、安全稳定的品类，实现资产更高升值。

（2）及时调整投资方向

与传统储蓄相比，互联网金融下的"宝宝"类理财产品，其投资者的资金流向是很明晰的。投资者在出售"宝宝"类产品的金融平台上，登录自己的账号，就可以很轻松地查到自己所认购产品的具体情况。这样，投资者就可以根据资金的流向情况，判断这只基金的投资价值，看自己到底有没有必要持有该产品，持有的话是短期持有，还是长期持有。

同时，我们还必须时刻关注货币市场的动向，因为"宝宝"类产品其实质都是货币基金，那么货币市场的变动必然会影响到各类"宝宝"们的收益率。根据货币市场的动向，来预测货币基金的走向，才能及时调配"宝宝"品类，选择最佳的理财产品。

"P2P网贷"：自己也能做银行家

P2P，是"peer to peer"的简写，意思是个人对个人。而P2P网贷就是企业通过互联网搭建一个金融服务平台，借款客户在平台上发布借款申请，投资理财客户可以把闲置的资金通过平台出借给借款人，以获得高收益。

通常，P2P网贷借款人的收益主要由两部分组成，一部分是P2P网贷利息，另一部分是P2P网贷奖励。

P2P网贷利息率一般指的是年收益率，但实际上一般以实际收益率计算，其通行计算公式为：实际收益率=本金×年化收益率×期限/年。假如某平台给出的年化收益率为12%，而借款期限为6个月，那么实际收益率为6/12×12%=6%。

除了网贷利息外，有时候投资人的收益受到P2P平台奖励率的影响也很大。P2P网贷奖励，简单说，就是P2P平台或者借款人给投资者的奖励。P2P平台为了拉拢客户，或者借款人为了快速拿到贷款，往往采取给投资人一定奖励的激励措施。P2P平台一般会在投资后或满标后，立即将该奖励资金发放到用户的账户中。投资人的这部分收益计算公式为：奖励额=投资额×奖励率。

当然，收益与风险是相伴相行的，高收益必然伴随着高风险，尽管P2P平台采取了多项风控措施，但是风险是不可能完全可控的，所以，对于投资者来说，在投资时，还是不能掉以轻心，更不能把风险规避完全交给平台，自身一定要增强风险意识，懂得风险控制，最大程度保证投资安全。

1. 理性看待P2P平台投资的高收益

高收益，通常是让人心甘情愿往里砸钱的关键因素。P2P平台投资的高收益性是人所共知的，但你在砸钱之前一定要学会理性看待这个高收益性。

一方面P2P平台投资的高收益是正常的，因为平台实现了借款人和借出人的直接对接，省略了中间多个环节，这样就节省了很多成本。投资人的收益完全来自借款人所支付的高额利息。另一方面投资人的较高收益应该有一个合理的范围，而不应是不切实际的虚假哄抬。P2P借贷理财平均收益维持在12%～20%之间，虽然有时还有更高的收益率，但毕竟是极为稀少的。虽然低收益不能说没有风险，但是过高的收益肯定暗藏危险，所以，如果收益率过于虚高，比如达到了30%，则一定要提高警惕。

2. 最大程度保证平台的真实性

初次接触平台，先不要只顾着看有多高的收益率，要先调查平台"户口"，看平台姓什么，叫什么，居住地在哪里，监管人是谁等信息。可以通过平台的营业执照、企业组织机构代码以及金融担保合作单位来获取这些信息，并尽量通过多种渠道确认这些信息的真实性。如果发现虚假信息或者很值得怀疑的地方，那么就要提高警惕，安全起见，最好打消在此投资的念头，毕竟安全第一。

3. 合理选择适合自己的标的

P2P平台有不同的标的，根据标的性质，可分为六种：信用标、流转标、抵押标、担保标、净值标、秒标。

信用标：是平台根据借款人的征信情况、资产状况及过往借贷历史，为借款人的资金需求发布的借款标。由于缺少抵押、担保，只靠借款人的信用，因此容易发生诸多问题，所以，投资人要慎重对待。

流转标：是借款人拆分债权后转让给投资用户，并承诺到期按价回购的借款标的。流转标没有投资空档期，一旦投标即刻开始计息，不必等待满标。对于这种标的，需要查看合同，如果合同上面签约的是"流转标"，平台实力、规模大的话，可以考虑投资。

担保标：是由第三方为借款人提供担保而发布的借款标。如果借款人无法按期还款，第三方有义务代为偿还借款，并承担相应的责任。由于安全系数高，所以大多数投资人喜欢担保标。但是实际上，这类担保标也是有一定风险的，因为负责担保的第三方多为担保公司，如果担保公司出了问题，那么担保标也多半会出问题的，不过，相对来说安全系数还是比较高的，所以还是可以较为放心地投资的。

抵押标：是借款人把自己名下的房屋、车辆等实物做抵押，在平台发布的借款标。如果借款人无法及时还款，平台有权处理借款人抵押的财物。抵押标安全性高，比较让投资人放心。

净值标：是投资人以自己在平台的投资为担保发布的标的。净值标的安全系数与投资人的实力和品性有关，如果投资人有实力、靠谱，这类标的安全系数就高。

秒标：是借款后马上就还款的标的。秒标没有真正的借款人与借款项目，是平台为了吸引用户、提高人气而发布的超短期高收益借款标。如果平台靠谱，这类标的还是值得尝试的。

在投资之前，投资者最好要先对平台以及投资操作有较为深入的了解，再依据现实情况做好自己的投资计划，最后遵循要求规范操作，就能让自己的投资更稳妥、更安全。

4. 学会分散投资

不要把鸡蛋放在一个篮子里是投资的准则，P2P平台投资也一样，为了降低投资风险，不要把所有的资金都投入到一个项目上，而应分散投资。可以在不同的平台，查看不同的标的，选择几个适合的投资项目。

总之，机会就摆在那里，只要你愿意加入进来，且懂得如何去操作以及选择一个好的平台，那么你就可以放心地当一个"银行家"，从中获得回报。

外币储蓄：规避资产缩水的安全投资

虽然多个银行已开办了外汇宝、外汇结构性存款等多种外汇投资理财品种，但还是有很多外币持有者，更加认同储蓄才是最安全的投资理财方式。因此，我们有必要详细研究一下如何存储外币才最划算。

1. 外汇币种的选择

持有何种外币，需要从外币国利率和外币汇率两个角度去综合分析。原则上，一方面应选择高利率币种，以取得更高的利息收入；另一方面应选择硬通货，也就是选择预期汇率将上升的币种。最好的情况是合二为一，两者都兼顾到，如果不能兼顾两者时，要根据实际情况，灵活判断。

澳大利亚元、加拿大元、欧元、法国法郎、德国马克、荷兰盾、比利时法郎这几种外币，近几年汇率比较稳定，且有上涨的趋势，不妨多加关注，择机介入。

2. 储蓄期限的选择

由于外币储蓄通常受到国际金融市场的影响，利率波动频繁，稳定性比较差，所以在选择储蓄存期时要好好思量。外币定期储蓄一般分为1个月、3个月、6个月、1年和2年。如果目前利率水平处于高位时，可以考虑选择2年期的长期外汇储蓄，以获得高利息回报。如果目前利率水平相对稳定，则可以选择一年期的中期储蓄，而如果利率水平起伏波动较大或变化趋势不明显时，安全起见，可以选择3个月或者半年期的短期储蓄以观望。

另外，储户在第一次去银行储蓄外币时，最好还要与银行约定自动转存，有了这种约定，外币储户即使一时忘记转存自己的定期外币储蓄也不会损失掉不应该损失掉的利息。

3. 储蓄银行的选择

对外汇利率，我国相关政策规定，各银行可在中央银行规定的利率上限内自行调整，这样，在规定的上限内，各家银行实行的外币定期储蓄的利率有所不同。另外，外资行在外币储蓄时有一定的优势，尤其是优惠利率。

这种情况下，储户在进行外币储蓄时就要"货比三家"，看看哪家银行的利率高，避免盲目选择，造成不必要的利息损失。

4. 现钞、现汇账户的转换

现汇是指由国外汇入或从国外携入的外币票据，通过转账的形式，汇入到个人在银行的账户中。现汇在国际金融市场可自由买卖，并可不受限制地兑换成其他国家的货币。而外汇现钞是指具体的、实在的外国纸币、硬币。

现钞不能变成等额的现汇，如果要把现钞变成现汇，客户将在外汇金额上遭受一定的损失，需要缴纳一定的手续费用。而现汇不存在实物形式的转移，所以可以直接汇出。现汇支取现钞时，由于汇入方已经承担了运输费，因此现汇可以支取等额的现钞。正因为如此，如果你收到了从境外汇入的外汇，最好将其直接存入现汇账户，而不要转入现钞账户，避免不必要的损失。

5. 币种间的兑换

币种兑换，银行需要收取一定的费用，而且是按照"现钞买入价"收进，而不是按照"外汇卖出价"兑换，后者的费用要超过前者许多，而且手续比较麻烦，所以，为了避免损失和减少麻烦，如果没有太大的必要，币种之间最好"少兑少换"。

第四章

基金投资

——投资新人踏入投资世界的第一步

　　基金投资是普通投资者一种较为理想的投资理财方式。初入投资世界的新人,不妨选择各式基金作为踏板,开启自己的财富之门。

基金：让专家帮你赚钱

基金投资，简单来说就是汇集许多小钱变成大钱，交给专家或专业机构去操作，通过组合投资为投资人获取收益，并使资金不断累积、成长的投资工具。

具体来说，基金投资的优势有：

1. 专家管理，回报增强

基金管理机构会组成一个阵容庞大的专家团队来对基金进行管理、投资。专家一般都具有深厚的投资分析能力以及丰富的实战经验，他们用科学的方法研究股票、债券等金融产品，进行组合投资，这样，就使投资的回报率大大增强。这是基金投资的最大特点。

2. 组合投资，降低风险

对于普通投资人来说，由于时间有限，资金规模有限，往往只能选择一两种产品，万一运气不好，两种都亏了，可能会血本无归。而基金公司具有雄厚的资金实力，可以进行组合投资，将资金分散投在不同领域的不同产品上，来将风险最小化、收益最大化。

3. 分开操作，避免贪污

基金管理人通常只负责基金的投资操作，而不直接负责基金财产的保管，基金财产的保管由独立于基金管理人的基金托管人负责。两者之间相互制约，相互监督，这样可在很大程度上避免"贪污"事件的发生，使投资者的资金安全性更高。

4. 监管严格，信息透明

在我国，基金公司的基金业务要接受中国证监会的严格监管，证监会对各种有损基金投资者的不法行为要进行严厉打击，同时，还强制要求基金公司对其业务进行信息披露，这样就在法律层面保护了投资者的合法权益，增强了投资者的投资信心。

5. 起投点低，费用低廉

投资基金起点较低，通常，1000元就可以进行投资，同时，手续费也比较低廉，税收也享有优惠，比如货币基金就免收5%的利息税。这样，就更有利于投资者投资，也更容易激发起投资者投资基金的热情。

6. 流程简单，易于上手

基金投资流程不复杂，选好基金品种，然后进行基金认购或者申购，想卖出时进行赎回就可以。在基金认购期可以多次认购基金。通常，投资者拿到代销机构的业务受理凭证意味着业务被受理，但业务是否办理成功还须以基金管理公司的注册登记机构确认为准。一般在T+2个工作日才能查询到自己在T日办理的业务是否成功。在赎回方面，基金管理公司规定，同一投资者在每一开放日内可以多次赎回，也可以部分赎回，当然各个基金都有规定持有份额的最低数量。

当然，任何投资都是有一定风险的，投资基金也不例外。作为一种间接性的投资工具，投资于基金，就等于失去了直接参与证券投资和其他行业投资的机会，虽然省去了不少烦琐和辛劳，总体回报也有保障，但短期收益有可能比你做直接投资所获得的回报低。

基金术语:合格"基民"要清楚的概念

进入基金市场,你会接触到大量的基金专有名词,要想成为更加成熟的"基民",你必须把它们弄明白。

1. 基金操作类术语

(1)认购和申购:基金购买,分认购期和申购期。基金首次发售基金份额称为基金募集,在基金募集期内购买基金份额的行为称为基金的认购,一般认购期最长为一个月。而投资者在募集期结束后,申请购买基金份额的行为通常叫作基金的申购。

(2)赎回:赎回是指基金投资者向基金管理人卖出基金单位的行为。

(3)转换:转换即投资者转换自己的基金配置。

2. 基金日期类术语

(1)基金成立日:基金成立日是指基金达到成立条件后,基金管理人宣布基金成立的日期。

(2)基金募集期:基金募集期是指自招募说明书公告之日起到基金成立日的时间段。

(3)基金存续期:基金存续期是指基金发行成功,并通过一段时间的封闭期后,称作基金的存续期。

(4)基金开放日:基金开放日就是可以办理开放式基金的开户、申购、赎回、销户、挂失、过户等一系列手续的工作日。

(5)权益登记日:权益登记日是基金管理人进行红利分配时定出的一个日期,这一天登记在册的持有人可以参加分红,也就是我们所说的T日。

（6）除息日：除息是指基金分红之后，基金份额净值按照分红比例进行除权。除息日就是权益登记日后的第一个工作日，即T+1日。

3. 基金费用类术语

（1）认购费：认购费指投资者在基金发行募集期内购买基金单位时所交纳的手续费。

（2）申购费：申购费是指投资者在基金成立后的存续期，基金处于申购开放状态期内，向基金管理人购买基金份额时所支付的手续费。

（3）赎回费：基金赎回费是指在开放式基金的存续期间，已持有基金单位的投资者向基金管理人卖出基金单位时所支付的手续费。

（4）基金管理费：基金管理费是指支付给实际运用基金资产、为基金提供专业化服务的基金管理人的费用，即管理人为管理和操作基金而收取的费用。

（5）基金托管费：基金托管费是指基金托管人为基金提供服务而向基金收取的费用。

4. 基金收益类术语

（1）基金收益：基金收益是指基金资产在运作过程中所产生的超过自身价值的部分。

（2）基金净收益：基金净收益是指基金收益减去按照国家有关规定可以在基金收益中扣除的费用后的余额。

（3）基金收益率：基金收益率是基金实际收益与投资成本的比率。基金收益率越高，表示基金收益能力越强。

（4）基金年化收益率：基金年化收益率是通过购买基金产品可获得的预期收益率换算成年收益率来计算的。是一种理论收益率,并不是真正的已取得的收益率。

(5)基金净值:基金净值即每份基金单位的净资产价值,是用来计算基民收益的重要指标。分为基金单位净值与基金累积净值,其中单位净值是基金当前总净资产除以基金总份额的数值,而累计净值则是不考虑派息分红的计算结果。

(6)红利再投资:红利再投资是指将投资者分得的收益再投资于基金,并折算成相应数量的基金单位。这实际上是将应分配的收益折为等额的新的基金单位送给投资者。

5. 基金持有类术语

(1)建仓:指第一次买基金。

(2)持仓:即你手上持有的基金份额。

(3)加仓:是指建仓时买入的基金净值涨了,继续加码申购。

(4)补仓:指原有的基金净值下跌,基金被套一定的数额,这时于低位追补买进该基金以摊平成本。

(5)满仓、半仓:满仓就是把你所有的资金都买了基金,就像仓库满了一样;半仓,即用一半的资金买入基金,账户上还留有一半的现金。如果是用70%的资金叫7成仓⋯可依此类推。

(6)重仓与轻仓:重仓是指这只基金买某种股票,投入的资金占总资金的比例最大,这种股票就是这只基金的重仓股;反之即轻仓。

(7)空仓与平仓:空仓与平仓很容易搞混,空仓,即把某只基金全部赎回,得到所有资金;平仓,即买入后卖出,或卖出后买入。比如说今天赎回某一只基金,等赎回资金到账后,又将赎回的资金申购上另一只。如果是做多,则是申购基金平仓;如果是做空,则是赎回基金平仓。

买卖指南：手把手教你买卖基金

作为投资新手，想买基金却往往对在哪么买、怎么买、怎么卖……一头雾水。下面我们就为大家奉上基金买卖指南，解决你的困惑，手把手地教你如何操作。

1. 在哪里买卖基金？

（1）基金公司的官网

这不是指某一个特定的网站，而是你要买的基金所在基金公司的官方网站。在基金官网购买基金，一般可享受0.6%的费率优惠和24小时的服务。但缺点是：只能买卖该基金公司的基金产品，如果买多个基金公司的基金，就得注册多个基金公司的官网。而且，不同基金公司所需要开通的银行账户也可能不同，如果它们之间需要转账的话，你也会付出更多的转账费用。

（2）银行柜台交易

这是最传统的基金代销渠道。只要带上你的活期存折、储蓄卡和身份证就能开通相应银行的基金账户了。但是，其在便捷度、产品丰富程度、费率优惠、查询等方面，都不是最优。

（3）第三方理财平台代销

第三方理财平台，如天天基金、数米基金、好买基金、众禄基金等可以代销很多家基金公司的基金产品，可以比较方便地比较多家基金公司多个基金的基本资料及业绩。缺点是：费率上有可能高于基金公司官网直销，且有些基金无法购买。

（4）证券公司代销

有些基金，如封闭式基金，无法在其他渠道交易，只有证券公司平台才可以。但受制于交易所的收盘时间，这个渠道在非交易时间无法申赎基金。另外，一些小券商支持的基金产品也比较有限，因此最好是选择较大的券商。而且很多券商并不会给投资者明确的费率折扣，当你的投资额度较大时，最好和券商沟通，以获得更多优惠。

2. 什么时间买卖基金？

和股票只能在交易时间内买卖不同的是，基金的购买动作是任何时候都可以进行的，只是份额确认和盈亏查询需要在交易日。

交易日，我们可以简单地理解为A股开盘的日子，一般都是工作日，即周一到周五，当天的交易时间为：上午时段9：30~11：30，下午时段13：00~15：00。

基金如果在非交易日，如周末或者节假日购买或者赎回，都会顺延到交易日。也就是说如果你在周五下午3点之后购买或者赎回基金，要到下个周二才能确认，到下个周三才能查看盈亏。另外，如果是在长假前最后一个交易日申购，无论是3点前还是3点后交易，基金公司都是在长假后才确认申购，待确认期间无法查看盈亏。

因此，我们建议购买和赎回基金的时间点是：交易日的下午3点前。如果没赶上3点前，接着又是周末或者节假日，则当天购买与下个交易日购买的效果是一样的。周末和节假日期间这笔钱是没有收益的。建议这种情况下，等到交易日再交易，这样这笔钱在周末和节假日还可以有其他用途，尽量避免大额资金在途。

3. 如何计算基金费用？

基金费用包括两部分，一部分是认（申）购、赎回、基金转换等直接由基民来负担的"显性"费用，另外还有一些"隐性"费用，如管理费、托管费等，货币市场基金和短债基金还要收取一定比例的营销费用。它们虽然不是直接向投资者收取的，却是从基金的总资产中扣除掉，并体现在基金的净值中。

其中，认（申）购费用，有前端收费和后端收费两种模式。前端收费，即投资者在购买基金的同时交纳认(申)购费用。另一种则称为后端收费，投资者在购买基金时可以先不支付认(申)购手续费，在赎回时才支付。前端申购费率一般随申购金额的递增而递减，一般要百万元以上的投资金额才有优惠。后端收费的费率一般会随着持有基金时间的增长而递减，如投资者持有该只基金四五年以上，甚至可能免去。

赎回费，就是在赎回基金时收取的，与后端收费一样，也是持有时间越长，费率越低，普遍是2年后免收。同一投资者在每一开放日内允许多次赎回，也可以部分赎回。当然，一般来说，基金的风险性越小费用越低，持有时间越长费用越低，投资额度越大费用越低。

其实，收取赎回费的本意是限制投资者的任意赎回行为。为了应对赎回产生的现金支付压力，基金将承担一定的变现损失。如果不设置赎回费，频繁而任意的赎回将给留下来的基金持有人的利益带来不利影响。而目前我国的证券市场发展还不成熟，投资者理性不足，可能产生过度投机或挤兑行为，因此，设置一定的赎回费是对基金必要的保护。

由于基金买卖的手续费比较高，如果每次市场行情下跌时，投资者都选择赎回基金，等市场行情上涨的时候再申购的方式，这无疑会增大投资的成本。针对这种情况，现在很多基金公司都为投资者提供了基金转换的业务，即在同一家基金公司旗下的不同基金之间进行转换，一般的做法是在高风险的股票型基金与低风险的债券型基金、货币市场基金之间进行相互转换。投资者利用基金转换业务，就可以用比较低的投资成本，规避股市波动带来的风险。

各家基金公司对不同基金之间转换的费用标准不一，但是总的来说，把申购费用低的基金转换成费用高的基金时都需要扣除掉一定的转换费用。具体进行基金转换操作时，需咨询基金公司。

操作技巧：基金高手的养基经验

很多人觉得基金既然是专家在帮着赚钱，那一定是稳赚不赔的，因此，往往把购买基金看作"发财方式"而非"投资手段"。尤其是在行情好的时候，他们就只是看收益和排名随便买，等买入后却发现基金不赚钱甚至还亏钱。

下面就是一些基金高手的"养基"经验，我们不妨拿来参考：

1. 基金品种要系出"名门"

虽然不能说好的基金品种全部都出自好的基金公司，但是相对而言，好的基金公司确实拥有更多的客户群、更充足的资金、更强大的市场影响力、更完善的基金产品线。因此，投资者可关注最近几年的基金公司的排名，优先选择排名前十的基金公司。

好的基金公司通常具有资产规模大、创新能力强、产品线齐全、口碑好、业绩好的基金多种特征。基金公司评级机构每年都会对基金公司进行评级排名。

2. 基金经理要历经"风雨"

大海航行靠舵手，基金的好坏自然跟操盘手息息相关。基金经理的操盘资历、从业背景、选股理念、操作技巧都会影响基金的绩效。事实也证明，那些经过牛熊周期"洗礼"的基金经理，从长期来看，业绩会表现得更加平稳，所以，为了增大投资胜算，还是很有必要精心选一个优秀基金经理人的。可以到各个基金公司网站上去查询基金经理人的资历与其他信息。

另外，因为基金经理是一只基金的灵魂，是形成一只基金稳定风格的决定性因素，所以基金经理团队的稳定性也对一只基金具有很大的影响，如果一只基金频繁更换基金经理，基本上也可以排除在选择之外了。

3. 投资者组成要懂行人居多

选择一只基金，如果你自己不确定的话，有一个窍门，那就是看懂行的人是如何选择的。在投资界懂行的人就是机构投资者，毕竟作为专业的投资者，机构可不像大部分散户"人傻钱多"，他们买基金都是经过了系统研究的。机构投资者持有一只基金的比例越高，就代表机构对这只基金的认可度越高。反之，如果一支基金的主要持有者都是散户，那么前景估计也是被机构投资者看衰，不建议进行投资。

4. 过往成绩要优秀稳定

一只基金以往的表现，在一定程度上说明了该基金的盈利能力。就拿股票型基金来说，如果一只基金在大市涨的时候，涨幅比大市小，在大市跌的时候，跌幅比大市大，那么它就是一只垃圾基金，选择的时候一定要避开。

这里有一个技巧——"4433法则"：关注长期指标时，第一个"4"是指选择一年期业绩排名在同类产品前1/4的基金；第二个"4"代表选择两年、三年、五年以及自今年以来业绩排名在同类产品前1/4的基金；关注短期指标时，第一个"3"是指选择近6个月业绩排名在同类产品前1/3的基金；第二个"3"代表选择近3个月业绩排名在同类型产品前1/3的基金。需要注意的是，观察基金过往业绩的时候要与同类型的基金相比，否则"苹果和梨子"的比较是没有意义的，例如要将股票型基金和股票型基金相比，而不能把货币市场基金拿来与股票型基金比较。

同时，还应该将基金业绩与比较基准收益率进行比较，如果一只基金能够长期超过比较基准收益率，可以将之归为投资管理能力较强的基金。不过，需要将新基金排除在外，因为刚刚运作的基金一般均落后于其业绩比较基准。

另外，还需要注意的是，不要仅仅比较基金的回报率，更要关注基金在赚钱的同时承担了多大的风险。"风险系数"和"夏普比率"是两项经过风险调整后的收益指标，如果一只基金的风险系数为"低"，夏普比率为"高"，说明这只基金在获得高收益的同时只需承担较低的风险，基金业绩表现更稳定，专业研究机构也往往给这种基金比较好的等级评价。因此，选择基金也应将基金排名与上述两个指标综合起来进行比较。

当然，基金的业绩排名只能说明其过往表现，并非预测，只是提高业绩优秀的可能性概率而已。

5. 基金选择要契合自身

我们选择基金时，除了看基金本身是否优秀以外，别忘了还有一个更重要的标准，就是要根据自己的实际情况，看这只基金在风险程度、投资门槛、基金类型等方面是否适合自己。比如自己是一个风险承受能力较低的人，就尽量不要选择风险较大的股票型基金；如果自己有选择焦虑症，建议选择指数型基金这类被动型基金，避免基金经理的金手指给自己造成不必要的损失。

分散风险：基金也要买"套餐"

虽然基金投资本身就是一个分散风险的过程，但是由于不同基金有不同的风险，所以，对于那些资金充裕者，仍然有必要买"套餐"，即同时选择多只基金投资，以分散投资基金的风险。实际上，这也就是要求投资者要学会优化基金投资组合，这不仅仅是分散投资风险的需要，同时，也有利于提高投资的回报率。

那么如何才能买到称心如意的基金"套餐"呢？换一句话说，如何进行基金组合才科学合理呢？

1. 可以是不同投资风格基金组合。在同样的市场条件下，不同投资风格的基金差异性比较大，可以选择不同投资风格的基金进行投资组合，这样可以相互补充，但是最好不要选择同一家基金管理公司的产品进行这种投资组合。

2. 可以是不同投资方向基金组合。基金市场上经常有这样的现象发生：当股票市场很好时，债券市场则萎靡不振，相反，债券市场很好时，股票市场则不太景气，呈负相关，所以可以将股票型基金和债券型基金进行投资组合。另外，一些基金投资的方向比较集中，一些则比较分散，可以将投资热门的基金和投资冷门的基金进行投资组合。

3. 不要将同类型基金组合。同类型基金组合在一起是没有意义的，而且如果同类型基金组合过多，组合就失去了平衡，市场风险也随之增大，同时，也阻碍投资目标的实现，所以不要将同类型基金进行投资组合。

4. 应该包含省力又省钱的指数基金。指数基金通过将资金按照目标指数所包含的样本个股权重进行分散投资实现对指数的复制和收益的分享。以往数据表明，市场低位时意味着配置指数基金的理想时机到来，市场一旦转暖，指数基金将给投资者带来较大收益。所以在你的投资组合中，应该有股票市场的指数基金。

5. 一定要有一个核心组合。投资组合中一定要有个核心组合，而且核心组合中要有一些主流基金。应选择那些业绩稳定的优势基金公司的基金组成你的核心组合，这样可以在一定程度上保证你的投资收益。

6. 熊市时要本着低风险、高安全进行组合。熊市的时候，市场交易一片惨淡，这时期的基金投资组合要本着低风险、高安全来进行。稳妥起见，可做这样的组合：持有货币、债券基金的比例要超过90%，以保证本金安全，再稍有一些收益。其余部分可配置一些股票型基金，或者指数型基金，来进行抢反弹操作。

7. 牛市时"四只基金"最好。牛市时，市场一路飘红。此时基金投资组合可包含四只基金。第一只基金为被动型基金，以保证最大程度获得收益。第二只基金为成长型基金，追求一个长期稳定的收益。第三只基金为中小盘基金。持有中小盘基金主要是看中它的高成长性，希望它在将来能异军突起，创造一个奇迹。第四只基金为债券型基金。持有债券型基金主要是以防万一，防止行情突变被套牢，而且收益率也不低。

8. 盘整时以防御性配置为主。盘整时，价格变动幅度较小，行情比较稳定，最高价与最低价相差不大，这个时候多观望，少操作，如进行投资组合，要遵循以防御性配置为主的原则，可以将一些大盘蓝筹基金和一些货币型基金组合在一起，少买指数型基金和股票型基金。很多蓝筹基金在行情盘整的时候，能够逆势而上，创造新高。

9. 中级调整时应以避险保安全为主。牛市中级调整是很可怕的，行情波动剧烈，从大幅上涨变成大幅下跌，成交量锐减，这个时候以观望为主，少操作。如果要进行基金投资组合应以避险保安全为主，可以将货币型基金和债券型基金进行投资组合，最好不要配置股票型基金。而熊市中级调整很复杂，总的来看，可能会有上涨行情，但是往往时间很短，这给操作带来一定的难度，所以安全起见，基金投资组合还是以货币基金和债券基金组合为宜。

总之，你要记住："把所有的鸡蛋都放在一个篮子里"是投资的一个大忌讳，是赌徒孤注一掷的体现，投资应是智慧的反映，所以在进行基金投资组合时，我们要发挥智慧的作用，认真研究市场、行情、投资对象以及它们之间的各种关系，努力使它们的搭配更加科学、合理。

基金定投：懒人投资的首选

基金定投就是定期定额购买基金的简称，其形式类似于银行的零存整取的业务。具体操作就是选择好一只基金，然后向代销该基金的银行或证券公司提出申请，选择每月投资金额和扣款时间以及投资期限，再办理相关手续，之后就不用再去管理，只需保证每月在相关联的银行卡上有足额的扣款即可。承担业务的银行会定期从绑定的银行卡里面划去约定好的购"基"资金，省去了去银行或者其他代销机构办理的时间和精力。

除了去银行和证券公司办理外，投资者也可以自己在网上自助办理所有交易，如设置申购日、投资金额、投资期限、赎回日期。此外，网上银行还具备账户查询、余额查阅、净值查阅等功能，投资者可以足不出户，就可轻松完成所有交易流程。省时省力，方式简单，因此获得了懒人理财的"美誉"。

具体来说，基金定投的技巧是：

1. 选择适合定投的基金

基金定投最根本的优势是平摊投资成本，降低风险；但实现这个优势的前提是，选择的投资品种本身必须是一个高弹性的品种，所以并不是所有类型的基金都适合做定投。比如，货币基金和债券基金，它们的净值曲线几乎是平着向上的，定投根本无法显著降低投资成本，采取定投和一次性投资效果相差甚微，做定投就没有太大的意义。

适宜定投的是波动性较大的股票型基金、指数型基金以及混合型基金，特别是指数型基金更适于做长期基金定投。

2. 把握定投的最好时机

既然适合基金定投的是市场波动较大的基金，例如股票型基金，当股市暂时下跌时，基金净值往往也会暂时缩水，许多投资者会因恐惧在下跌时停止定投或者赎回基金，那么赔本也是正常。

实际上，选择定投的最好时机反而应该是在市场震荡加剧的时候。越是在市场低迷的时候，越应该坚持定投，因为这时候才是低价收集筹码的时候。也只有在市场低迷的时候坚持定投，才可能在市场高涨的时候获得收益。长期坚持下来，平均成本自然会降低。

3. 设置止盈点

基金定投，一定要有止盈的操作。我国股市熊长牛短，如果只是傻傻地定投，没有及时止盈，往往就会遭遇定投收益上上下下坐电梯，有的还出现由盈利到亏损的局面。

关于止盈点的设定，有三种常用的方法：

一是目标止盈法。这是一种最原始的方法，具体方法是，设置一个止盈点（比如赚了20%、30%等），如果投资的基金达到了目标值，那么就卖出。关于这个止盈点的高低，我们还需要考虑3个因素：

（1）股市：在股市相对低点定投，止盈点可以设置高一些，比如15%~20%。反之，止盈点设置第一些，比如10%。

（2）金额：定投金额越高，止盈点设置应越低，金额越低，止盈点设置应越高。

（3）类型：定投波动越大的基金，止盈点设置应越高，波动越小，止盈点应越小。

二是市场情绪法。巴菲特的那句"在别人恐惧时我贪婪，在别人贪婪时我恐惧"，无疑是最好的解释。

这种方法更适用于经历过牛熊市、有丰富的基金定投经验的基民。不过，除了相关技术指标，这里还有一个简单的判断方法，那就是：如果某段时间自己身边出现这种现象——"同事个个都突然成了股神，一些从来不炒股的亲朋好友也开始参与市场，新开户数连创纪录，基金销售一天创纪录等"，那么投资者就要警觉了，按照以往经验，这个时点即使不是市场最高点，也是相对高位，一定要考虑定投止盈问题了。

三是估值法。这是一种依据估值水平来设置止盈点的方法——低估值买入，正常估值持有，高估值卖出。这种方法主要针对的是指数型基金。比如，有些基民会观察指数的历史市盈率情况，进而选择在不同的位置分批卖出。

4. 判断全部还是部分赎回

基金是全部赎回，还是部分赎回，可以自己选择。喜欢简单一些的，就全部赎回，然后继续定投。或者认为未来股市风险较高，可以落袋为安，回避未来可能下跌的风险；如果认为基金的收益处在一个上行阶段，全部赎回比较可惜，可以选择部分赎回，剩余份额可继续持有，以增加收益。

总之，基金定投虽好，但也要遵照它的特点，努力发挥它的优势，而不能罔顾实际，恣意蛮干。那样，只会让本来美好的事情变成糟糕的事情，得不偿失不说，还会败坏了投资的心情。

第五章

股票投资

——懂得风险控制,才是合格的投资人

股票投资操作起来很难,难的是不知道买哪一只股票;更不知道什么时候该买,什么时候该卖。所以,不要只想着股票的高收益,更要记得高收益背后潜藏的高风险。

股票种类：分得清才能选得对

A股、S股、垃圾股、蓝筹股、一线股……没有接触股票之前，我们也肯定听到过或看到过这些名词，只不过知其然而不知其所以然罢了。

其实，这些都是股票的种类名词。与基金一样，股票的种类也是五花八门、形形色色。下面就让我们一起来揭开股票分类的神秘面纱吧！

1. 按股东权利划分

普通股：指的是在公司的经营管理和盈利及财产的分配上享有普通权利的股份，代表满足所有债权偿付要求及优先股东的收益权与求偿权要求后对企业盈利和剩余财产的索取权。它构成公司资本的基础，是股票的一种基本形式，也是发行量最大、最为重要的股票。目前在上海和深圳证券交易所交易的股票，都是普通股。

优先股：是相对普通股而言的，是股份公司发行的在分配红利和剩余财产时比普通股具有优先权的股份。不过，它的有些权利是优先的，有些权利又受到限制。比如：优先股股东一般不能在中途向公司要求退股（少数可赎回的优先股例外）；优先股股东一般没有选举权和被选举权，对股份公司的重大经营无投票权，只在某些情况下可以享有投票权；优先股在发行时就约定了固定的股息率，无论公司经营状况和盈利水平如何变化，该股息率不变。

2. 按投资主体划分

国有股：指有权代表国家投资的部门或机构以国有资产向公

司投资形成的股份,它在公司股权中占有较大的比重。

法人股:指企业法人或具有法人资格的事业单位和社会团体,以其依法可经营的资产向公司非上市流通股权部分投资所形成的股份。

社会公众股:是指我国境内个人和机构,以其合法财产向公司可上市流通股权部分投资所形成的股份。我国投资者通过股东账户在股票市场买卖的股票都是社会公众股,一般单个自然人持股数不得超过该公司股份的5‰。

3. 按上市地区划分

A股:即人民币普通股,是由中国境内公司发行,供境内机构、组织或个人(从2013年4月1日起,内地、港、澳、台地区居民可开立A股账户)以人民币认购和交易的普通股股票。A股以无纸化电子记账,实行"T+1"交割制度,有涨跌幅(10%)限制。

B股:即人民币特种股票。它是以人民币标明面值,以外币认购和买卖,在内地(上海、深圳)证券交易所上市交易的。在深圳交易所上市交易的B股按港元单位计价;在上海交易所上市的B股按美元单位计价。B股以无纸化电子记账,实行"T+3"交割制度,有涨跌幅(10%)限制,参与投资者为中国香港、澳门、台湾地区居民和外国人,持有合法外汇存款的大陆居民也可投资。

H股:也称国企股,指注册地在内地、上市地在香港的外资股。H股为实物股票,实行"T+0"交割制度,无涨跌幅限制。中国地区机构投资者、国际资本投资者可以投资于H股,个人直接投资于H股尚需时日。

S股:是指那些在中国大陆注册,在新加坡上市的外资股。

N股:是指那些在中国大陆注册,在纽约上市的外资股。

4. 按业绩水平划分

垃圾股:经营亏损或违规的公司的股票。一般是指评级为非投资级（BB以下）的股票，每股收益在0.10元以下的个股均可称作垃圾股。

绩优股：业绩优良且比较稳定的公司的股票。主要衡量指标是每股税后利润和净资产收益率。一般而言，每股税后利润在全体上市公司中处于中上地位，公司上市后净资产收益率连续三年显著超过10%的股票当属绩优股之列。

蓝筹股：在其所属行业内占有重要支配性地位、业绩优良、红利优厚的大公司股票。

5. 按交易价格划分

一线股：股票市场上价格较高的一类股票，大致等同于绩优股和蓝筹股。另外，一些高科技行业的股票，由于投资者对其发展前景充满憧憬，它们也位于一线股之列。

二线股：是价格中等的股票，在市场上数量最多。它们具有一定的发展潜力，但其收益率普遍不是很高。

三线股：指价格低廉的股票。这些公司大多业绩不好，前景不妙，有的甚至已经到了亏损的境地。也有少数上市公司，虽然业绩尚可，但因为发行量太大，或者身处夕阳行业，也被投资者视为了三线股。

看盘：看懂股票的行情是基本功

股票投资，看盘是基本功。下面，我们就了解一下看盘的基本知识。

1. 了解大盘的主要内容

对于新股民来说，我们应该先从最基础的盘面数据看起。随着计算机的普及，我们的大盘已经从交易大厅的电子屏幕上，转移到电脑或手机的股票软件上了。

大盘显示的主要内容如下：

前一天收盘价：即前一天最后一笔交易的成交价格。

开盘价：当天开盘集合竞价阶段最后一笔实际成交价格。

最高价：今天开盘以来各笔成交价格中最高的成交价格。

最低价：今天开盘以来各笔成交价格中最低的成交价格。

最新价：刚刚成交的一笔交易的成交价格。

买入价：申请买入股票，但是并未实际成交的价格。通常只显示最高买入价，对投资人来说，这是卖出参考价。

卖出价：申请卖出股票，但是并未实际成交的价格。通常只显示最低卖出价，对投资人来说，则是买入参考价。

买盘：是当前申请买股票的总数，也称为内盘。

卖盘：是当前申请卖股票的总数，也称为外盘。

涨跌：指最新价和前一天收盘价相比，是涨还是跌了。红色表示上涨，绿色表示下跌，相同的话用白色表示。有的是直接标出涨跌的钱数；有的是给出涨跌幅度的百分数。

现手：手，股票交易的最小单位，1手是100股。现手就是指刚成交的这一笔交易的交易量的大小。

买手：比最新价低5个价位以内的买入手数之和。

卖手：比最新价高出5个价位以内的卖出手数之和。

成交量：当天开盘以来该股票交易所有手数之和，换成股数要乘以100。

成交总额：当天开盘以来该股票交易所有金额之和，其单位通常是万元。

2. 看懂大盘的走势图

股市里有各种各样的图要看，最常见的应该就是分时图和K线图了。

分时图也叫即时走势图，它是记录股价运行变化的一种图表形式。根据不同对象，分时图又分为指数分时走势图和个股分时走势图两种。但它们的基本构成要素是一样的，均由分时线、均价线和成交量3个要素构成。

指数分时走势图：图中的白色曲线表示证交所对外公布的股票大盘指数，也就是我们常说的加权数。至于黄色曲线则是不考虑上市股票发行数量有多少，只是将所有股票会对上证指数造成的影响等同对待并且是不含加权数的大盘指数。

个股分时走势图：图中的白色曲线代表着该种股票的分时成交价格。而黄色曲线则是该种股票的平均价格。黄色柱线是每分钟的股票成交量。

那么，什么是K线图呢？

由K线柱组成的图就是K线图，按照时间周期划分为分钟图、日K线图、周K线图、月K线图、年K线图。有的软件也可以自定义周期，一般我们说的K线图是指日K线图。也就是说，分时图反映的是当天每分钟的价格走势，而K线一般反映的是一天的结果，取分时图中的开盘价、收盘价、最高价和最低价。

根据每只股票当日开盘价、收盘价、最高价及最低价四项数据，可以将股价走势图分成三种，即阳线、阴线和十字线。在这三种线上延伸的线段又分别称为上影线和下影线。

其中，阳线指的是收盘价高于开盘价的K线（即低开高收），一般在K线图中会使用红色线来表示涨势；阴线通常指的是开盘价高于收盘价的K线（即高开低收），阴线一般会采用淡蓝色来标注，这个时候表示股票下跌。

当然，看盘不能仅仅看表面，而是要透过表象认清本质。想要通过K线图判断涨跌的方法和形态，还需要我们在股市中不断地摸索前进。

基本面分析：选股就是选企业

在股票投资中，选股是非常重要的，它直接关系到股票投资的成败。面对交易市场上令人眼花缭乱的众多股票，到底应该买哪只或哪几只好呢？这大概是所有新晋投资者都希望解决的问题。

一般来说，好的股票必然来自优秀的企业，所以如果想认购好股，就要选择优秀的企业，然后持有其股票。优秀企业的标准是什么呢？"股神"巴菲特认为：看一个企业是否优秀，要看其：业务是否清晰易懂，业绩是否持续优异，有无能力非凡且肯为股东利益着想的管理者。符合这几个条件的企业必定是优秀的企业，选择这样企业发行的股票，就有望获得相对良好的投资回报。

实际上，这就是在对股票进行基本面分析。所谓的基本面分析，就是对公司的基本情况进行分析，包括对公司的经营情况、管理情况、财务状况以及未来发展前景等进行分析。具体来说，要从以下几个方面入手：

1. 要有好的产品

企业业绩持续优异必定要以一个好的产品为依托，没有一个好的产品，业绩是不可能取得长久辉煌的。因此，看一个企业的业绩情况，首先要看其有无一个好的产品。只有拥有好产品，业绩才有可能优异。

另外，还要关注行业的生存前景，因为社会发展日新月异，任何一项新产品的问世都极有可能会终结现有产品的"生命"，使其退出市场。所以在关注产品的同时，还要多多关注该行业前景。

2. 要有好的机制保证

企业业务是否清晰易懂与企业的整体机制密切相关，是一个公司运营、管理好坏的直接反映。通常情况下，一个拥有一套科学完善机制的企业其业务脉络应该是完整明晰且符合该行业特性的，所以看一个企业的运营、管理机制有助于增进对企业业务的了解。

3. 要有好的财务状况

上市公司的财务报表是其财务状况、经营业绩和发展趋势的综合反映，是投资者了解公司、决定投资行为的最全面、最可靠的第一手资料。因此，看上市公司的财务报表是投资者选股之前的必做功课。

我们看企业财务报表，其实只需要了解几个关键的分析数据就可以了。一是要看净资产是多少，这个指标主要看资产的质量如何；二是看资产负债率是多少，这个指标主要分析上市公司负债比率是否过高以及偿还债务的能力；三是看盈利能力如何，比如，近几年的净利润增长率和净资产收益率的情况。

4. 要有好的管理层

我们买股票，就是买上市公司的未来。一个优秀的管理团队才能带出一个高成长性的上市公司。

如果管理者素质不过关，企业的管理水平跟不上企业发展的需要，那么企业经营就很容易偏离发展的轨道而陷入泥潭。相反，一个优秀的管理层会让一个企业与时俱进，提高企业的市场竞争力，并且会从战略高度为企业未来发展指引方向。由此可见，拥有一个有能力的管理层对企业的发展有着至关重要的作用。

投资者可以从网络、电视、报纸杂志以及其他媒体上了解企业管理者的情况，有可能的话，最好实地考察企业的人事制度、决策机构。

当然，要想选到一只好股，需要投资者掌握的知识和技巧以及需要注意的事项远比上述内容烦琐庞杂。理论结合实践，再加上自己的悟性，才有可能成功。

短线：赚取短期利润的七大理念

股市中，很多人喜欢做短线，除了喜欢赚快钱的刺激感外，主要原因还有：短线不需要太多的基本分析。

但，这并不意味着更简单，相反，短线更多地依赖于技术分析，只有真正明白技术分析的真谛以后，结合股市实战案例，才能总结出适合自己的思路与技术。

下面是短线操作高手总结出来的短线交易七大理念，在这些理念下进行短线操作，成功的把握很大，不妨借鉴参考一下：

1. 顺应趋势买入卖出

市场永远不会错，所以要学会顺应趋势去买进卖出。在牛市中，不要试图去判断行情的顶点；熊市中，也不要尝试去抓住股票的最低点，只需顺着潮流进出即可，否则就容易失去赚钱的机会，也有可能因此承担大的损失。

2. 设立止损点和止盈点

设立止损点和止盈点对短线交易十分重要，有立竿见影的效果，它可以让你从容获利后出局，也可以让你长期在股市中生存下去。反之，如果不设置止损点，任由亏损扩大，结果就要承担长期的损失。不设置止盈点，一味主观认为自己的股票还会继续飘红，结果遭遇"滑铁卢"，从而让自己的利润白白溜走。

3. "金字塔"加码

短线交易时，当手中的股票价格上升时，要遵循"每次加码的数量比上次少"的原则，即遵照"金字塔"加码原则，因为价格越高，接近上涨顶峰的可能性越大，拐点就越快要出现了，危险也越大。要尽量避免让风险加大。

4. 勿在赔钱时加码

短线交易中，有这样一种情况经常出现，那就是股价突然反方向飙升。这种情况下，有些人会加码再做，这是十分不明智的，如果价格总不回头，那么结果无疑是恶性亏损。

5. 不要固守僵死的计划

这类短线投资者多是循规蹈矩者。本来可以平盘收钱，但是碍于原来的目标还没有实现，就持股等待，在等待中错过了最好的价位，失去了赚钱的良机。要学会见好就收，不要受限于最初的计划。毕竟计划是死的，而变化是随时都可能发生的。

6. 不参与不明朗的走势

当感到走势不够明朗，自己又缺乏信心时，最好不要入场参与。因为盲目状态下，很容易做出错误的判断，导致损失。

7. 不要迷信小道消息

有些短线投资者总喜欢打听小道消息，然后依据打听来的小道消息买进卖出，其结果往往遭受损失。目前，股市上鱼目混珠，各种信息混杂，你不可能准确地判断出哪些信息是真的，哪些信息是假的。只有通过自己的努力，认真学习各种方法技巧，才有可能投资成功，而不是迷信各种小道消息。

短线操作的核心可用四个字来概括，那就是"追涨杀跌"，"追涨杀跌"容易让人在高位时买进、低位时卖出，因此，一定要准确判断低位和高位，恰到好处地"追涨杀跌"，这样才会投资成功，获取收益。上述的理念有助于投资者对股市形势的判断，知道什么时候应该介入，什么时候应该"退场"，进退有法、有序，从而成功获取收益。

买卖：把握时机，低买高卖

炒股说简单也简单，说复杂也复杂。说简单，是因为它的规则只有两个字，买和卖；说复杂，是因为我们很难把握什么时候买什么时候卖。时机，对炒股而言，至关重要。

那么，我们应该根据哪些方面来确定股票买入和卖出的最佳时机呢？

1. 最佳买入点

（1）根据基本面确定买入时机

以往的事实证明，如果国民经济持续稳定增长，股市往往长期向好，这种情况下，大盘具有决定性的反转行情，选择在这个时候介入股市，往往会有好的收获。

如果想长期持有一只个股，查看它的基本面，如业绩持续稳定增长，那么就可以放心地介入。如有突发实质性的重大利好，也可以选择介入，等别人来"抬轿"。

（2）根据趋势线确定买入时机

股价向上突破水平趋势线的时候，买入时机良好；中期上升趋势中，股价回调不破上升趋势线又止跌回升的时候，买入时机良好；股价向上突破下降趋势线后调至该趋势线上的时候，买入时机良好；股价向上突破上升通道的上轨线的时候。

（3）根据K线形态确定买入时机

底部明显突破的时候，考虑买入，比如头肩底、W底等。股价突破颈线点的时候，考虑买入；当弧形底，形成10%的突破之际，多半为买入的良机。

低价区小十字星连续出现的时候，为买入的良机。底部连续出现小十字星，意味着股价这个时候已经止跌，多会有主力介入痕迹，如出现较长的下影线，则说明多头位居有利地位，这个时候多为买入的良机。

（4）根据移动平均线确定买入时机

上升趋势中，股价同档不破10日均线的时候，为短线买入的良机。上升趋势中，股价回档至10日均线附近时成交量应明显萎缩，而再度上涨时成交量应放大，这种情况下，后市上涨空间大，应抓住时机买入。

股价有效突破60日均线的时候，是中线买入的良机。当股价突破60日均线后，需要满足其均线拐头上行的条件才可买入。

（5）根据成交量确定买入时机

股价上升，而且成交量稳步上升的时候，要积极买入。因为底部量增，价格稳步盘升，主力吸足筹码后，配合大势稍加拉抬，投资者很快就会加入进来。放量突破后即是一段飙涨期，所以适宜买入。

缩量整理的时候，可以考虑买入。

（6）根据周线与日线的共振确定买入时机

周线反映的是股价的中期趋势，而日线反映的是股价的日常波动。如果周线指标和日线指标一起发出买入信号，如两者发生共振，则可考虑买入。

实际上，买入时机的参考因素不止上面所列的几种，这里所列出的只不过是比较常见、常用的，希望能给投资者以帮助。还有一点需要说明的是，在没有较大把握或资金不够充裕的情况下购买股票，无论时机合适与否，最好不要一次买进，而是分两三次买进，以分散风险，获得投资报酬。

当然，一个真正成功的股民在懂得买股票的基础上，也要懂得在最适当的时机卖出股票。

2. 最佳卖出点

（1）当股价达到自己预先设立的心理价位或者目标收益率时即可抛出。

（2）股价在经过一段暴涨行情后，无法再次创出新高，虽然之后会有两三次涨跌，但是后市很有可能会出现下跌，此时最佳的选择就是卖出持股，离场观望，等到确定后市依旧有套利机会时再进场操作。

（3）股价出现大幅上扬后，成交量却出现背离现象，呈价升量缩的特点时应卖出。因为这往往表明行情上扬并没有受到场外资金的追捧，只不过场内持股者惜售心较强，导致上档抛压小，资金不大也能推高行情。但这样的行情不会持续很久，形成头部（即目前股价已较高，有回落的需求）的机会很大。

（4）当股价大幅上扬之后，一旦某天该股大幅上扬过程中出现卖单很大、很多，特别是主动性抛盘很大，反映主力、大户纷纷抛售，这是卖出的强烈信号。不要被此时买入仍踊跃的现象所迷惑，事实上没有大主力愿在高价区来收集筹码，来实现少数投资者期盼的"换庄"目的。

（5）股价在下跌之后开始进入横盘整理阶段，如果在横盘后股价依旧下跌，那么就应该迅速抛出手中的持股，否则很可能会在后市蒙受巨大的损失。

（6）一旦股票出现下列K线形态时，不要犹豫立即卖出。

长十字星。长十字指上下影线特别长的十字，在股价上涨的中后期，单独出现较长的上下影线时，往往为见顶回落的信号。

长阳线。阳线实体在6%以上的阳K线（一般为光头光脚实体阳线）。如果一只股票已经上涨到了一个比较高的位置，突然在某一天收出一根长阳线，并且伴随着极大的成交量，那么最好在第二个交易日就迅速出局。

垂死十字。 垂死十字是重要的见顶回落信息，特点为开盘价与收盘价不但处于同一水平，并且近似全日的最低价，也就是说有长上影线而无下影线。很多股票都是以垂死十字终结反弹的。

双重顶。 又称双顶、M顶或M头，是K线图中较为常见的反转形态之一，由两个较为相近的高点构成，其形状类似于英文字母下跌的走势。

哥俩剃平头。 股价上升到高位后，如果相继出现了两组平顶线，就称为"哥俩剃平头"。该形态是由两组平顶线组合起来的图线，"哥"比"弟"高，或一样高，都是卖出信号，后市多有一跌。

股价跌破5日均线。 如果股价跌破5日均线，说明买方的力量非常弱，卖方的趋势很强，技术上有回落的需求，短线投资者应该把握卖出时机。

其实，高手也有被套牢的时候，保持良好的心态，不要冒险，更不要贪心，谨慎入市、见好就收，才能在保证安全性的同时获得更多收益。

操作误区：赚钱从改变思维开始

我们常说股票投资是一种风险投资，但其实很多时候，这个风险并非来自股票投资本身，而是源于投资者没有正确的投资理念，从而造成了不必要的损失。

要想有稳健的盈利模式，首先要有正确的操作思路。现在我们就来盘点一下股票投资中的操作误区，并借此总结出如何规避操作误区。

1. 高估了股价

有一些投资者查看了企业的历史和产品的销售情况，就以为了解企业了，就可以"放心"认购该企业股票了。实际上，这是不对的，通常你了解到的企业情况，别人也多半了解。如果某个企业是一个人人看好的企业，那么这个企业的股价里应该包含了它的预期价值，也就是说它的股价可能已经被高估了。

所以，不要自以为了解某个企业而大量认购该企业的股票，在普遍看好的情况下，要谨慎出手。实际上，可以多关注一下那些不被普遍看好的企业，从它们里面寻找有潜力的企业。机会来的时候，那些不被普遍看好的企业，可能会给你惊喜。

2. 不分析整体走势

一些投资者急功近利，迫切想在短时间内发大财，在看大盘的时候只看分时图，只看重几分、几角的蝇头小利，而不看股价的整体走势，一叶障目不见泰山，导致捡了芝麻丢了西瓜。一定要跳出小利益的藩篱，纵观全局，掌握整体走势，这样才有可能

"不畏浮云遮望眼，只缘身在最高层"。

3. 把钱全都投进去

股市从来都不缺赌徒。他们抱着一下子发财的投机心理，看好了某只股票，一下子把钱全都投进去。这种人有可能因某一次机缘巧合投资成功，但是多数情况下，投资失败，损兵折将。

当然，任何投资都有一定的风险，股票投资更是如此，如果不愿意冒险的话，很难获得更多的收益，但是这并不是要求投资者要具备赌徒心理，两者是有明显区别的。投资要有理智，要有耐心，要有探究的精神，不要孤注一掷，更不要拼死一搏。想长期炒股，且希望有所收益，钱和智慧都是不可或缺的。

4. 跟着别人的节奏走

一些投资者没有自己的见解，见别人买什么股票，自己就跟着买什么股票。见别人卖股票，也跟着杀跌。要知道股市永远是少数人赚多数人的钱，跟着大多数人走通常不是踏空，就是会赔钱。

炒股是靠知识和智慧取胜的，所以，如果想要在股市中胜出，只有学习、学习、再学习，综合信息，独立思考，然后做出自己的判断，而不要看别人怎么做、怎么选择，自己就盲从。不学会自己走路，早晚都会被股市的旋涡所吞没。

为了避免盲从，可以设定投资目标，一旦确定了投资目标，除非所持有的股票基本面发生本质性改变，否则完全可以不用去理会市场真假难辨的传闻。可以每周只查看一次股票，这样可以抑制投资中患得患失的心理疾病。

5. 只认一只或持股太多

有些投资者偏爱持一只股票，比如，在某只股票上赚了钱，就认定它是只好股，还会赚钱，常常是卖出后再买回来，由此陷入长期被套的境地。

你可别忘了："所有鸡蛋不要放在同一个篮子里"，这是投资界的一句名言。事实上，股票被热炒过后，常常失去了投资价值，如果卖了再将其买回来，希望继续赚钱，是很愚蠢的。

另外，还有些投资者则是走入了"持股数目太多"的误区。这主要是因为没有自己选股的方法，炒股全靠别人推荐。今天听朋友说这个股票好，明天看电视说那个股也好，结果一下就拿了十多只股票，搞得自己手忙脚乱。事实上，对于散户，特别是新手，持股三只左右是比较合适的。

6. 不敢追高，喜欢抄底

投资新手大都有恐高症。他们害怕股价已经涨上去了，再去追涨被套住了怎么办？

其实股价的涨跌与价位的高低并没有必然的联系，关键在于"势"，在上涨趋势形成后介入安全性是很高的，而且短期内获利很大。核心问题在于如何判断上升趋势是否已经形成，这在不同的市场环境中有不同的标准，比如在大牛市中，放量创出新高的股票是好股票，而在弱市中，这往往是多头陷阱。对趋势的判断能力是衡量炒手水平的重要标准之一。

"恐高症"的另一个表现是喜欢抄底，尤其是处于历史低位的股票，看到自己的成本比别人都低，心里简直是乐开了花。可是，你想过没有：一只股票既然已创出了历史新低，那么很可能还会有很多新低出现，甚至用不了几个月你的股票就被腰斩了。抄底，最后很可能抄死自己。

7."最低"买、"最高"卖

很多投资者总是希望能在股价"最低"的时候买入，而在股价"最高"的时候抛售，结果总是人心不足蛇吞象，弄巧成拙，不是因为一点小利而错过了最佳买卖时机，就是遭受较大的损失。

人是有贪欲之心的，但应在一个有限度的范围之内，而不要贪婪无限。"多头空头皆可赚，唯有贪心赚不成"，愿望是好的，但在现实中却是很难实现的，最低价买入最高价卖出是很难做到的，甚至是几乎不可能的，因此不要抱有这种不切实际的想法。只要是在最低点附近买入最高点附近卖出就可以，不要奢求一下子完美。

8. 抱着股票不撒手

有的投资者见自己的股票价格一路下跌，不忍心自己的投资打水漂，因此迟迟不肯将手里的股票抛售。另外，他们认为股票不同于期货，没有"暴仓"之说，即便下跌也终究有涨回来的一天，于是即便判错趋势买错股，也舍不得止损割肉而选择遥遥无期的等待，致使短线变长线，长线变贡献，小亏不吃，吃大亏。

事实上，"截断亏损，让利润奔跑"，才是至理名言。应对的办法是当发现自己被套住后，要仔细研究市场，如果发现前景不利好时，要坚决止损卖出，不要心存侥幸，幻想不久可能会上涨，这样不切实际的想法往往会让你损失得更多，而且还由此失去很多机会。

9. 过于频繁地操作

这种操作误区常常发生在新入市的股民身上，他们认为炒股就要不停地买卖股票，频繁操作的结果往往是赔多赚少。炒股不像到超市买东西，什么时候买都可以，股价的上涨是有条件的，多头市场还没有形成，股价就不会上涨，不看时机随意抛售，就无钱可赚，甚至会赔钱。

初入股市的新人应该明白，真正在股市赚钱的，除了技术高手以外，多数都是耐心极好，并且能够在低位买进，坚定不移地持有自己所看好股票的人。

应对的办法是加强炒股知识的学习，努力建立一套科学的交易模式。为了避免自己频繁操作，可以规定自己每月只能交易一次。事实证明，这个规定有助于投资者克服因为"过度自信"而频繁交易。

第六章

债券投资

——低利率时代的好选择

债券投资是一种较为稳健的投资方式，对那些厌恶风险的投资人来说，是最好的选择。但任何投资都不能保证稳赚不赔，债券投资也是如此。

债券：分好类才能投好注

债券，是一种金融契约，是政府、金融机构、工商企业等直接向社会借债筹措资金时，向投资者发行，同时承诺按一定利率支付利息并按约定条件偿还本金的债权债务凭证。由于债券的利息事先是约定好的，所以债券投资的收益具有稳定性。这在国内利率持续走低、投资风险日益加大的今天，有着非常重要的现实意义。债券的分类大体如下。

（1）按发行主体的不同，可分为政府债券、金融债券、企业债券

政府债券，是政府为筹集资金而发行的债券，主要包括国债、地方政府债券等；金融债券，是由银行和非银行金融机构发行的债券，现在大多是政策性银行发行与承销，如国家开发银行、进出口银行等政策性银行；企业（公司）债券，主体为中央政府部门所属机构、国有独资企业或国有控股企业，因此，它在很大程度上体现了政府信用。

（2）按是否有财产担保，可分为抵押债券和信用债券

抵押债券，是以企业财产作为担保的债券，按抵押品的不同又可以分为一般抵押债券、不动产抵押债券、动产抵押债券和证券信用抵押债券；信用债券，是不以任何公司财产作为担保，完全凭信用发行的债券。

（3）按债券形态，可分为实物债券（无记名债券）、凭证式债券及记账式债券

实物债券（无记名债券），是一种具有标准格式实物券面的债券；凭证式债券，其形式是债权人认购债券的一种收款凭证，而不是债券发行人制定的标准格式的债券；记账式债券，是指没有实物形态的票券，又称无纸化国债，以电脑记账方式记录债权，通过证券交易所的交易系统发行和交易。

（4）按是否能转换，可分为可转换债券和不可转换债券

可转换债券，是在特定时期内可以按某一固定的比例转换成普通股的债券，属于一种混合性筹资方式；不可转换债券，是指不能转换为普通股的债券，又称为普通债券。

（5）按利率是否固定，可分为固定利率债券和浮动利率债券

固定利率债券，是将利率印在票面上并按其向债券持有人支付利息的债券；浮动利率债券，其利率同当前市场利率挂钩，往往是中长期债券。

（6）按是否能够提前偿还，可分为可赎回债券和不可赎回债券

可赎回债券，是指在债券到期前，发行人可以以事先约定的赎回价格收回的债券；不可赎回债券，是指不能在债券到期前收回的债券。

（7）按偿还方式不同，可分为一次到期债券和分期到期债券

一次到期债券，是发行公司于债券到期日一次偿还全部债券本金的债券；分期到期债券，是指在债券发行的当时就规定有不同到期日的债券，即分批偿还本金的债券。

（8）按计息方式，可分为单利债券、复利债券及累进利率债券

单利债券，是指在计息时，不论期限长短，仅按本金计息、所生利息不再加入本金计算下期利息的债券；复利债券，是指在计算利息时，按一定期限将所生利息加入本金再计算利息、逐期滚算的债券；累进利率债券，是指年利率以利率逐年累进方法计息的债券。

（9）按募集方式，可分为公募债券和私募债券

公募债券，是指向社会公开发行，向不特定的多数投资者公开募集，任何投资者均可购买的债券；私募债券，是指向与发行者有特定关系的少数投资者募集的债券。

（10）按债券是否记名，可分为记名债券和无记名债券

在公司债券上记载持券人姓名或名称的为记名公司债券；反之为无记名公司债券。

（11）按是否参加公司盈余分配，可分为参加公司债券和不参加公司债券

参加公司债券，债权人除享有到期向公司请求还本付息的权利外，还有权按规定参加公司盈余分配的债券；反之为不参加公司债券。

（12）按能否上市，可分为上市债券和非上市债券

上市债券，指可在证券交易所挂牌交易的债券；反之为非上市债券。

国债：稳健投资者的首选

国债是债券中非常重要的一种，是由国家发行的债券，是中央政府向投资者出具的、承诺在一定时期支付利息和到期偿还本金的债券债务凭证。

由于国债的发行主体是国家，因此信用等级最高，出现亏损只会发生在国家破产的情况下，而这种情况发生的概率又极低，接近于零，因此国债被公认为是最安全的投资工具。最近这两年各类金融诈骗案层出不穷，这使得人们转而倾向于稳妥型的理财方式，就我国来说，没有一款理财方式的安全性能高过国债投资。

由于国债有国家的税收作为本金利息的保证，因此投资者的收益是有保障的。另外，国债的利息要高于同期银行存款利息，比如，国债3年期利率为4%，5年期利率为4.42%，而国有银行3年及5年定期存款利率都低于3%，可见，国债在收益方面还是具有一定优势的。

按照规定，国债在发行期内兑取是没有利息的，不满6个月提前兑取有较低的利息，已满6个月但未持有到期赎回能够享受到部分利息，总之，持有时间越长越划算。与银行定期储蓄提前支取全部享受活期利息、银行理财不可提前赎回相比，国债的灵活性算是较高的了。需要注意的是，国债提前支取要收取本金千分之一的手续费。

正是因为国债有上述的投资优势，所以获得了"金边债券"的美誉。而选择投资国债的投资者也是多半冲着国债的这些投资优势而去的。每到国债发行的日子，负责国债发行的网点、柜台经常被蜂拥而来的投资者围得水泄不通，可见人们对国债投资的热情。

目前发行的主要国债有两种形式——记账式国债和凭证式国债，它们在发行方式、流通转让以及还本付息方面有着诸多的差别。

1. 记账式国债

记账式国债是无纸化发行的，它和股票交易一样，需要在证券公司开户，然后通过交易软件买卖，可以上市交易。

由于记账式国债的发行和交易均无纸化，所以它具有效率高，成本低，交易安全的特点。

记账式国债的付息方式，因年限不同而不同。一般中长期的记账式国债，采用年付或半年付，这些利息可以用来再投资，相当于复利计息。记账式国债的价格，完全由市场供需及市场利率决定，当市场预期利率上升时价格下降，市场预期利率下降时价格则上升。如果在低价位购得记账式国债，既享受了价差又享受了高利率。记账式国债若提前兑现，仅需支付少量交易手续费，仍可享受按票面利率支付的持有期利息。如果价格没有大幅下跌，投资者不仅不损失原价，而且也不损失利息。

因此，记账式国债更适合做3年以内的投资理财产品。如果时间较长的话，一旦市场有变化，下跌的风险很大。另外，由于年轻的投资者对信息及市场变动更为敏感，所以记账式国债更适合年轻投资者购买。

2. 凭证式国债

凭证式国债是一种国家储蓄债，是用填制国库券收款凭证的方式发行的国债，需要到银行柜台去办理，从购买之日起计息，可以记名，可以挂失，不能上市流通。

凭证式国债能够为购买者带来固定且稳定的收益。在持有期内，持券人如需要变现，可以到购买网点提前兑取。值得注意的是，凭证式国债提前支取经办机构按兑付本金的1‰收取手续费。也就是说，如果投资者在发行期内提前支取不但得不到利息，还要付出1‰的手续费。在半年内提前支取，其利息也少于储蓄存款提前支取。此外，储蓄提前支取不需要手续费，而凭证式国债需要支付手续费。

因此，对于自己的资金使用时间不确定者最好不要买凭证式国债，以免因提前支取而损失资金。但相对来说，凭证式国债收益还是稳定的，在超出半年后提前支取，其利率高于提前支取的活期利率，不需支付利息所得税，到期利息高于同期存款所得利息。所以，凭证式国债更适合资金长期不用者，特别适合把这部分钱存下来养老的老年投资者。

此外，投资者投资前还要注意国债的分档计息规则。以第五期凭证式国债为例，从购买之日起，在国债持有时间不满半年、满半年不满1年、满1年不满2年、满2年不满3年等多个持有期限分档计息。因此，投资者应注意根据时段来计算、选取更有利的投资品种。

还要注意，与基金、股票等理财方式相比，国债投资的收益提升空间不够大，很多时候不足以抵抗通胀率，所以它并不适宜所有投资者。一般来说，对于那些风险承受能力较低，对资金流动性要求不高，又想有一定投资回报的投资者来说，国债还是一个不错的投资选择。

利息保障倍数：看懂这个指标再买

信誉度高的国债、金融债券等为稳健投资者提供了渠道，但你要知道，投资风险与收益总是成正比的，这些产品很大一部分收益都被中间的通道机构收走了。

那么，有没有能够直接投资于最终的借款者的、收益更高的债券形式呢？

有，公司债券就为投资者提供了进行直接投资的手段。目前，很多公司债券都有较高的收益率——超过了7%，并且售价仅为90元，也就是说你投入90元，你每年能收到7元的利息，并且到期能收回本金。

当然，高收益面对的肯定也是高风险。要想更准确地预测和规避其高风险，就得考察一些指标，来佐证自己的判断。

其中最重要的就是——利息保障倍数。

利息保障倍数，也称已获利息倍数，通俗来说可以理解为企业利息支付能力，因为能不能还钱是债权投资最重要的事情。而公司能还你钱最重要的因素是什么？当然是这家公司能够持续创造利润。如果它得靠拆东墙补西墙或者是卖资产的办法来还钱，自然是不可持续的，那么如何还能还付你的本息呢？所以，投资公司债券之前，必须要考察其利息保障倍数，这是衡量你投资安全与否的重要指标。

利息保障倍数，其实就是企业息税前利润与利息费用之比，用计算公式来表示就是：利息保障倍数=息税前利润÷利息费用。

其中,"息税前利润",通俗地说就是既不扣除利息也不扣除所得税的利润,其公式为:息税前利润=企业的净利润+企业支付的利息费用+企业支付的所得税。"利息费用"是指本期发生的全部应付利息。

那么,这些数据我们要如何得到呢?

这里有一个简单的办法:打开你的股票行情系统(因为买公司债券和买股票是在一个行情交易系统里的)输入你所购买公司债券所对应的股票的名字点击回车键(因为输入股票名字找到的上市公司财务信息,要比输入债券名字找到的更详细一些),再按F10,你就进入了这家公司的基本面信息页面。点击财务概况,就会出来许多表格,再点击利润表,你就能看到这家公司利润的形成过程了。在利润表里,最后几行找"归属于母公司股东的综合收益总额"(有些行情系统也直接叫作"净利润"),这就是前边公式里的企业的净利润。"企业支付的所得税"也在这张表里。要找公式中"企业支付的利息费用"这一项的话需要下载企业的年报。上市公司的年报在股票F10页面或者各大财经网站都能下载,在年报里就可以搜到了。有了这些资料,你就能够轻松地计算出该企业的利息保障倍数。

公司要维持正常偿债能力,利息保障倍数至少应大于1,倍数越高,企业长期偿债能力越强。如果利息保障倍数过低,企业将面临亏损、偿债的安全性与稳定性下降的风险。

举个例子来说:

A公司2017年的净利润为15136630000元,利息支出为35507483元,企业支付的所得税为5467460000元,息税前利润=15136630000+35507483+5467460000=20639597483元。利息保障倍数=20639597483÷35507483≈581倍。

B公司2017年的净利润为279020000元,其利息支出为234765000元,企业支付的所得税为40080000元,息税前利润=279020000+234765000+40080000=553865000元。利息保障倍数=553865000÷234765000元≈2.35倍。

我们看到,A公司的利息保障倍数高达581倍,说明其偿还能力非常强,而B公司的公司债券的风险就高得多了,要选择的话,当然还是选A公司。

事实上,利息保障倍数不仅可以用于分析公司债券,所有债权类的理财产品都能用此种方法分析,就看你有没有本事找到这些数据了。

收益性：如何买债券才有高收益

对投资者来讲，他们最关心的其实还是投资债券的回报。因此，我们在考虑债券的安全性、流动性等因素的同时，更要考虑其收益性，三者的最佳组合才是债券投资应该遵循的原则。

关于债券收益指标的考察，我们需要掌握以下三个关键词：

1. 到期收益率

国债价格不像股票价格那样波动剧烈，但也不是"波澜不惊"，总体以品种多、期限利率各不相同为主要特征。投资者常常被这些信息弄得头昏脑涨，不知道该如何选择。实际上从到期收益率上就基本可以对债券的收益做出较为准确的预估。

到期收益率的计算公式如下：

到期收益率=〖（到期价－买进价）÷持有时间+固定利率〗÷买进价。

掌握了国债的收益率计算方法，就可以随时计算出不同国债的到期或持有期内收益率。同时，准确计算出国债的收益率，才能与当前的银行利率作对比，帮助自己做出投资决策。

2. 久期

"久期"是关于债券平均有效期的一个测度术语。以未来时间发生的现金流，按照目前的收益率折现成现值，再用每笔现值乘以现在距离该笔现金流发生时间点的时间年限，然后进行求和，最后以这个总和除以债券目前的价格得到的数值就是久期。

一般来说，"久期"和债券的到期收益率成反比，和债券的剩余年限及票面利率成正比，但对于一个普通的附息债券，如果债券的票面利率和其当前的收益相当的话，该债券的久期就等于其剩余年限。而当一个债券是贴现发行的无票面利率债券，那么该债券的剩余年限就是其久期。

债券的"久期"越大，利率的变化对该债券价格的影响就越大，因此风险也越大。在降息时，"久期"大的债券上升幅度较大；在升息时，久期大的债券下跌幅度也较大。因此，投资者在预期未来升息时，可选择"久期"小的债券。

就目前情况来看，在对债券投资行情的分析中，"久期"似乎已经超越了时间的概念，而更多地被用来衡量债券价格变动对利率变化的敏感度，在经过一定的修正后，能更为精确地量化利率变动给债券价格造成的影响。一般来说，修正"久期"越大，债券价格对收益率的变动就越敏感，收益率上升所引起的债券价格下降幅度就越大，而收益率下降所引起的债券价格上升的幅度也越大。可见，在同等要素条件下，修正"久期"小的债券要比修正"久期"大的债券抗利率上升风险能力强，但抗利率下降风险能力较弱。

当投资者在进行大额资金运作时，在判断清楚以后的利率走势后，确定债券投资组合的久期，在该"久期"确定的情况下，灵活调整各类债券的权重，这样基本上就能达到预期的效果。

3. 收益率曲线

收益率曲线是显示一组货币和信贷风险均相同，但期限不同的债券或其他金融工具收益率的图。对债券来说，收益率曲线反映的是某一时点上，不同期限的债券的到期收益率水平。利用它可以为投资者投资债券提供很大帮助。

债券收益率曲线通常表现为以下四种情况：

（1）正向收益率曲线。这是最常见的收益率曲线形态，它意味着在某一时点上债券的投资期限越长，收益率越高，预示了社会经济处于增长阶段。

（2）反向收益率曲线。与正向收益率曲线相反，它意味着在某一时点上债券的投资期限越长，收益率越低，预示了社会经济进入衰退期。

（3）水平收益率曲线。水平收益率曲线表明收益率的高低与投资期限的长短没有关系，这预示了社会经济出现很不正常的情况。

（4）波动收益率曲线。这种曲线表明债券收益率随着投资期限的不同而呈现波浪变化，这预示了以后的社会经济有可能出现波动。

投资者可以根据债券收益率曲线不同的预期变化趋势，采取相应的投资策略。随着时点的变化，债券收益率曲线会各有不同。通过对债券交易历史数据的分析，找出债券收益率与到期期限之间的数量关系，最终形成有效的债券收益率曲线，这样就可以借用这条收益率曲线来分析和预测当前不同期限的收益率水平。

如果预期收益率曲线基本维持不变，而目前收益率曲线是向上倾斜的，这种情况下，可以考虑买入期限较长的债券；如果预期收益率曲线变化平坦，可以买入长期债券，而抛售短期债券；如果预期收益率曲线变化陡然，那么就要将长期债券抛售，而买入短期债券。

风险：债券投资不是万无一失的

任何投资都有风险，只不过是有大有小而已，债券投资也一样。我们不要把债券投资当作毫无风险的安全港，在进行投资时，一定要对各类风险有清醒的认识，并能够对其预测和衡量，同时，能够采取多种有效的措施规避风险，这样才能力争让投资得到丰盈回报。

1. 债券的投资风险

一般来说，债券的投资风险主要是指投资者在预定的投资期限内，其投入的本金遭受损失的可能性。具体包括：

（1）信用风险

信用风险是由利息收入衍生的风险，指债券的发行人由于现金流紧张、财务危机等问题导致的不能按期还本付息的风险。

如何查看信用风险的大小呢？一般以其信用评级等级作为评判的依据（我国债券在发行的时候会获得由国内评级机构给予的评级）。我国债券信用等级大致可分为A、B、C、D等级，一般来说，评级越高的债券，信用风险越低。

（2）利率风险

投资债券主要是期望获得比市场利率更高的收益，而当银行利率发生变化时，债券的价格必然向其相反方向变化，从而就有可能造成价差损失。市场利率上调会造成债券收益降低，但这种损失具有相对性，如果投资者坚持到期再兑换债券，他仍能获得预期收益，只不过获得的收益和现行的市场收益水平有一定的差距而已。

实际上，影响银行利率的无非是这几个因素：一是中央银行的货币政策，二是国家的宏观经济调整，再就是社会的平均投资收益水平。平时要多关注这几方面的变动，以便及时做出投资调整。

（3）购买力风险

这种风险是指由于通货膨胀而导致货币购买力下降的风险，即当通货膨胀时，货币的购买力下降，引起债券投资收益的缩水。当然如果购买的是保值债券，就不会受到物价因素的影响。

（4）经营风险

在持有债券期间，如果发行企业因管理上的问题或者债务原因造成企业的声誉和资信程度下降，就会影响二级市场债券的价格，从而进一步给投资者造成损失。

（5）流动风险

债券的流动风险是指投资者在短期内无法将债券变现的风险。债券品类繁多，有一些债券很受人欢迎，其成交量和周转率都大，而一些债券缺乏关注，很长时间都无人问津，这种情况下，如果想将这些冷门债券变现，只有大幅度折价，从而造成损失。

（6）违约风险

违约风险是指发行债券的公司不能完全按期履行还本付息的义务，从而给投资者造成损失。需要说明的是，企业违约和企业破产不同。企业发生违约时，债权人与债务人可以达成延期支付本息的协议，债券持有人的收益可以在未来协议期内获得。而企业破产时则要对企业进行清理核算，然后按照法律程序偿还持券人的债务，这种情况下，投资者可能遭受部分甚至是全部的损失。

2. 规避债券的投资风险

对于债券风险的规避，债券发行企业起着第一道防线的作用，而对投资者来说，懂得选择技巧、掌握交易时机也是非常必要的。

（1）有选择地购买不同债券

不能将所有的鸡蛋都放在同一个篮子里是投资的至理名言。有选择性地购买不同企业发行的不同债券，可以有效降低、分散投资的风险，能够最大程度地保证获得高收益。

（2）掌握好顺势投资的技巧

对于普通投资者而言，要懂得顺势投资，即当价格上涨人们纷纷购买时跟着买入，当价格下跌人们纷纷抛出时抛售，这样多半可以获得平均市场收益。要注意顺势投资要"赶前不赶后"，不要在感觉价格不会再涨了，而且还有可能下跌时，还继续购买，即便还有很多人还在继续购进。

（3）适当选择短期债券

虽然短期债券没有中长期债券的收益率高，但是如果不能将长期债券持有到期，那么高收益就等于零。另外，短期债券由于持有期短，受持有期间加息的不确定因素的影响相对较小，而且再投资风险也比较小，所以如果自己风险承受能力不够强，可以考虑购买短期债券。

（4）在股市低迷时选择可转债

即可转换债券，是债券的一种，可以转换为债券发行企业的股票，通常具有较低的票面利率，其价格由纯债券价值和转换期权价值组成，具有"进可攻，退可守"的特点。在股市行情持续低迷的情况下，可先购买可转债，一方面可有效降低风险，另一方面如果对应的股票一旦上涨，可转债的价值也会水涨船高，跟着上涨。

第七章

保险投资

——转移风险，双利投资

从经济学角度上讲，保险是用来保值增值财富的一种工具；从生活保障方面讲，它能为我们安稳的人生保驾护航。所以，保险是你人生不可或缺的。

保险：最重要最优先的一笔投资

保险是通过契约的方式确立双方的经济关系，以交纳保险费建立保险基金的方式，对保险合同规定范围内的灾害事故所造成的损失进行经济补偿或给付的一种经济形式。它是通过把无数个体联合起来，将个体的风险分散到全社会范围内的一种经济方法。

保险分为很多种，不同类型的保险产品，有着不同的收益与保障功能，并且，不同公司的同一款产品之间，也会有巨大的收益差距。

1. 按照保险对象不同，保险可分为人身保险和财产保险两类

人身保险以人的寿命和身体为保险标的，并以其遭受不幸事故或因疾病、伤残、年老、死亡等人身风险为保险事故，或年老退休时，根据保险合同的约定，保险人要按约给付保险金。传统人身保险的产品种类繁多，但按照保障范围可以划分为人寿保险、人身意外伤害保险和健康保险等。财产保险是除人身保险外的其他一切险种，包括财产保险、农业保险、责任保险、保证保险、信用保险等以财产或利益为保险标的的各种保险。

2. 按照"是否以营利为目标"划分，保险可分为商业保险和社会保险两类

商业保险，是指通过订立保险合同运营，以营利为目的的保险形式，由专门的保险企业经营。具体而言，是指投保人根据合同约定，向保险人支付保险费，保险人对于合同约定的因可能发生的事故而造成的财产损失承担赔偿保险金责任，或者当被保险人死亡、伤残、疾病或者达到合同约定的年龄、期限时承担给付保险金责任的保险行为。社会保险，是指国家通过立法强制实行的，由个人、单位、国家三方共同筹资，建立保险基金，预防和分担个人因年老、工伤、疾病、生育、残废、失业、死亡等原因丧失劳动能力或暂时失去工作时，给予本人或其供养直系亲属物质帮助的一种非营利性的社会安全制度。社会保险按其功能又分为养老保险、医疗保险、失业保险、工伤保险、生育保险、住房保险（又称住房公积金）等。

从经济角度上讲，保险是用来规划人生财务的一种工具，即一种另类的理财方式，但是保险这种理财方式又与其他理财方式有所不同，可以把保险理财分解为两个层面来理解。

第一个层面是利用保险产品的保障功能，来管理我们在生活中不可预知的人身风险，以保证实现我们的人生目标。这实际上是侧重于利用保险的风险保障功能。

要明白，保险不是储蓄，两者有着本质的差别，储蓄获得的只是利息，而保险获得的则是保障。一年储蓄几万块钱可以得到几百元的利息，而花几百元保险可以得到几万元的保障。可以这样想，如果把储蓄得到的几百元利息投到保险上，那么资金就保值、增值了几十倍。

保险理财的第二个层面是指保险本身附带的理财功能。近些年，随着金融理财的火热，几乎所有的保险公司都推出新产品，这些新产品的特点是在保障功能的基础上实现保险资金的增值。这是应形势发展需要而做的举措，一定程度上满足了广大投保人的投资意愿。

五先五后原则：你的保险买对了吗

现在，已经有越来越多的人意识到了保险的重要性，但关于如何投保却还是一知半解，因此常常发生买了保险却后悔的情况。而不合适的保险就犹如鸡肋"食之无味，弃之可惜"——退保损失很大，继续交保费则年年亏损。

实际上，这就是盲目投保带来的后遗症。其实购买保险也有原则，你只要遵从下面这个"五先五后"原则，就能购买到一份安心的保障了。

1. 先大人，后老幼

正所谓"关心则乱"，许多人买保险时都是一上来就问，"我想给孩子买份保险，有什么适合的产品吗？"或者"有没有适合给父母买的保险呀？"这种想法可以理解，我们都想把最好的给父母和孩子，但在买保险这件事情上，我们应该优先考虑的其实是自己。

因为对于孩子来说，父母才是他最大的保障。万一父母发生了意外，孩子就失去了最核心的保障，给孩子买的保险可能就因为无法继续交纳，孩子就失去了保障。先保父母，再保孩子，这才是真爱。同样，对于老人来说，子女才是父母最核心的保障。

因此，作为家庭的经济支柱，我们必须先把自己的保障做充足，保障家庭的经济稳定，再考虑给其他家庭成员做保障，这才是正确的顺序。

2. 先规划，后产品

许多人在考虑保险规划时，总是将侧重点放在比较保险产品的优缺点上，而忽略了考量保险规划的整体性、前瞻性。

这其实是抓错了重点。事实上，一个合格的保险代理人应该是你的"家庭财务医生"：综合家庭收入情况，客户需求，整体预算，未来家庭计划，根据以上的客户资料，为客户建立一个"风险评估资料库"，拟订保险方案，以此来推荐最合适的保险产品。也就是说，保险代理人应该"以客户需求为导向"而不是"以产品为导向"，这是你选择保险代理人时的一个基本衡量标准。

3. 先保障，后投资

保险最基本、最核心的功能是保障。然而许多人往往执着于理财型保险，而忽略了保障。这其实是本末倒置。因为人才是家庭的根本，只有在满足家庭成员的人身保障需求后，理财才有意义。要知道，理财型保险的保障功能是很弱的，几乎是没有保障功能。一旦发生风险，所有损失还得由自己承担，得不偿失。

因此，如果你不是高净值人群需要做资产的配置，分散投资的风险的话，请一定要优先做好基础保障规划，再进行财产的规划和投资。千万不要被所谓的分红蒙蔽了，不要过于关注收益，因为我们买保险的主要目的毕竟还是转移风险。

4. 先人身后财产

现实生活中，有车族为自己的爱车投保，有企业的为企业投保……但他们保的都是财产，而往往忽略为自身投保人身保险。

这其实也是出现了本末倒置的问题。著名财经小说作家梁凤仪曾说过："健康好比数字1，事业、家庭、地位、钱财是0；有了1，后面的0越多，就越富有。反之，没有1，则一切皆无。"我们买了人身保险，虽说不能避免意外发生，但却可以阻止二次伤害的发生——房贷、车贷、家庭生活支出、孩子的教育金以及父母的养老金等都有了保障。所以，在考虑保险时，一定要分清主次，人的保障比财富的保障始终更重要。处理好人身保险和财产保险的关系，则满盘皆赢；否则，全盘皆输。

5. 先保额，后保费

投保时，许多人比较在意的是付出了多少保费，能不能拿回本金，能不能保值增值，而不是关心购买的保险产品所能提供保障的范围和保障程度。这种想法是不合理的。

其实，保额比保费更重要。因为保额是你必需的保障额度，足额保险才是保险设计的根本原则，保费支出太少显得保额不够、保障无力（当然，保费支出太多，也会影响家庭财务结构）。

专家指出，保额、保费与交费年限其实是互有影响的。同等保额，交费年限拉长，每年负担的保险费就低。但交费期限越长，最终的总保费越高。而这之间其实并没有谁吃亏、谁占便宜一说，交费期短，总额是少交了，但是考虑到时间价值和利息因素，其实并没少交。相反，那些交费期拉长的人也没吃亏，毕竟晚交了很多年，自己落下了利息。也就是说，我们的保费支出可以根据不同的人生阶段、不同的财务状况、不同的职业类别、不同的理财偏好等实际情况来调整，均可以达到所需要的保额。

险种：不同人生阶段，不同保险计划

面对众多的险种，我们如何才能找到最适合自己的那一种或几种呢？

这自然要看自己的生活状况、经济承受能力以及自身对保险的实际需求等情况。其中，身处人生哪一阶段对买何种保险有着至关重要的影响。可以说，人生所处阶段不同，对保险的需求也迥然各异。下面是人生不同阶段适宜购买的保险，不妨参考一下。

1. 青年时期保险以保障为主

青年时期还没有成家，为"单身贵族"阶段，同时也是一个人身体状况的黄金时期。这个阶段虽然没有过多的积蓄，但经济上多已经独立，同时所需承担的经济责任相对较少。此时主要的风险来自意外伤害，特别是那些喜欢开车的年轻人，意外伤害的概率更大，所以，这个时期的保险应以自身保障为主，可以选择定期寿险附加意外伤害保险，在发生意外造成伤害后，可以为自己或者家人提供治疗资金，减轻经济负担。

定期寿险是指在保险合同约定的期间内，如果被保险人死亡或全残，则保险公司按照约定的保险金额给付保险金。定期寿险要比终身寿险划算，具有"低保费、高保障"的优点，保险金的给付将免纳所得税和遗产税。如果收入低，可购买缴费为20年期、保额为10万~20万元的定期寿险。如果经济承受能力强，可以购买终身寿险。

意外保险是指投保人向保险公司交纳一定金额的保费，当被保险人在保险期限内遭受意外伤害，并以此为直接原因造成死亡或残废时，保险公司按照保险合同的约定向被保险人或受益人支付一定数量保险金的保险。意外险保费低，承担意外伤害责任，经济实用。

这个时期，养老保险可以暂缓考虑，等收入稳定时再去考虑。当然，如果经济较为宽裕，那么也可以考虑，比如普通寿险、养老型险、生死两全险等皆可以考虑。

2. 家庭期保险以家庭保障为主

大多数人在三十岁左右步入婚姻殿堂，建立了自己的小家庭，这个时期是人生的重大转折阶段，孩子出生，并不断成长，父母渐渐老去，可谓上有老、下有小，生活压力倍增。此时，夫妻任何一方发生意外，对整个家庭来说都将产生重大影响，因此这时期是保险需求最高的时期。

正因为如此，这时期的保险需要从整个家庭的风险角度出发来选择。

第一，最需要购买的是意外险。如果"家庭的经济支柱"遭遇意外，无疑将会给原本稳定的家庭生活造成巨大创伤，甚至家庭会因此支离破碎，所以，给"家庭经济支柱"买一份意外险是必不可少的。万一遭遇不幸，保险公司的赔偿将给家庭提供一个保险屏障。

第二，要为"家庭经济支柱"购买人寿保险，如果"家庭经济支柱"不幸离世，所投保的寿险也会支付养老金，从而为家庭增添了一道保障。

第三，要为家庭其他成员选择重大疾病和意外保险，以避免家庭成员在罹患疾病时不会给家庭经济造成重大冲击。

第四，要给孩子买一份教育保险，这是为了减轻教育费用压力，也是为了让孩子能够接受更好的教育。可以选择教育金等储蓄性的产品，也可以选择复合险种，覆盖孩子的教育、医疗、成家、创业等方面，力争为孩子美好的生活创造有利条件。

第五，要买一份养老保险。为了老有所养，这个时期要为退休养老做一些准备，购买养老保险就是一种必要的准备，而且是越早准备越好。

第六，要选择投资性保险。购买投资性保险的目的自然是为了使保险成为一种理财工具，以增加收入。在经济条件许可的情况下，可以投资分红类产品或者年金类产品。其中年金类产品可以保证你在退休之后，有一定的生活保障，不致为生活而发愁。目前有的保险公司按年支付年金，有的是按月支付。投保人可根据自己的偏好进行选择。

在保费支出方面，一般情况下，以不低于夫妻二人年收入的10%为准，条件许可的话可达15%。如果没有特殊原因，不要退保，因为退保需要承担一定的经济损失。

3. 老年期以养老保险为主

老年期，以享受美好生活为主。为了保证过上幸福的晚年生活，养老保险是必不可少的。在条件许可下，养老保险越早上越好，而不是到了退休才去购买。如果保险没到期，应继续缴费，一直到缴费到期。到期的保险如果是带有分红、返还本金性质的万能险、两全保险等，可以转化为年金型保险、定期险、医疗险、重疾险以及储蓄型、养老型等，可根据自身所需选择。

在购买保险时，主险通常要搭配附加险。附加险对主险将起到弥补不足的作用，一般包括健康险、意外险、定期寿险、医疗险等，附加险保费不高。这样，多投入不多的钱就能使保险的保障范围扩大很多，何乐而不为？

保险金：投的多就报销的多吗

保险金，简单说就是保险事故发生后被保险人或受益人从保险公司领取的钱。现实生活中，不少人用多次、重复投保来尝试获得更高的保险保障。但是，你投的多真的就能报销的多吗？

其实不然。保险的理赔是有差异性的，也就是说保险的理赔是分情况的，有些险种可以重复理赔，而有些险种只能在限额内报销一次。下面我们就针对不同的险种来具体谈一谈。

1. 意外伤害险——可以叠加赔付

意外伤害险是人身保险的一种，简称意外险，是以意外伤害而致身故或残疾的人身保险。它作为投保的首选险种，是具有最高杠杆的产品，成为很多人的基本保障产品。那么，买了多份意外险，会不会只能得到一份赔偿？

其实不是，如果投保人发生意外残疾或者死亡，若事前投了多份保险，那么在理赔上是不会有冲突的。只要是在保额范围内，不管你买了多少份，你都可以向多家保险公司索赔，而不会因为买了多份保单而影响最后的理赔。

当然，这并不意味着你就可以无限地购买。一般保险公司会规定购买的限定数额。比如有的保险公司规定意外险只能一次性购买3份，超出了这一范围，也有可能被拒保拒赔。

2. 重大疾病险——可以叠加赔付

重大疾病险简称重疾险，是以患上重大疾病为给付条件的人身保险。购买了重大疾病险，只要确诊的疾病是符合保险条款中的保障对象，那么就可以一次性获得保险公司的给付。这些理赔只与有没有被确诊有关，和治疗状态、治疗花费无关。比如近来很多保险公司推的防癌险，只要被确诊是得了恶性肿瘤，就可以进行赔付。如果你同时购买了多份重疾险，也是可以重复获赔的。

3. 寿险——可以叠加赔付

寿险是以人的生命为保险标的的保险产品，如果购买多份寿险，可以同时获得理赔。

寿险产品与意外身故或残疾类似，是给付型的保险。即当被保人去世时，受益人即可获得约定保额的理赔。但是同一家保险公司可能会设置保额上限，对收入和身体也有要求，如果超过保额上限，保险公司会要求体检和提供收入证明，因此如果想获得高额保障，最好从不同保险公司进行购买。

4. 财产险——不能叠加赔付

财产险是指投保人根据合同约定，向保险人交付保险费，保险人按保险合同的约定对所承保的财产及其有关利益因自然灾害或意外事故造成的损失承担赔偿责任的保险。财产保险的核心是对产生的实际损失进行补偿，而不是通过赔偿而获得收益，所以一旦发生了事故，首先要在核保环节核准具体的损失有多少。比如车险中的车损险、家庭财产险等都是属于多买不多赔的险种，都是按照实际情况确定赔偿金额的，而不论你在多少家保险公司投保了多少份保险，最后的保险总金额不会超过实际支出的总费用。

5. 医疗险——不能叠加赔付

医疗险属于费用补偿型保险，符合保险的补偿原则，即保险公司在保险金额的额度内，按实际支出的医疗费给付保险金，而且赔偿额度不能超过被保险人实际支出的医疗费额度。因此，也属于不能叠加赔付的险种。

一般来说，保险公司医疗费用理赔分两部分，一部分是医疗费用赔偿，一部分是医疗津贴赔偿。前者是根据投保人实际发生的医疗费用支出按保单约定的保险金额给付保险金，理赔时需要投保人出具门诊或者住院发票。后者是保险公司按照合同规定的补偿标准，向被保险人按次、按日或按项目支付保险金。即使是多投保，最多也只能在不同的保险公司进行按比例赔付，而且都要先参照医保或其他渠道的报销额度，然后才对剩余部分进行再报销。所以，在投保医疗险时，没必要购买太多种类，否则，不仅得不到更多的赔偿，而且还浪费保费。

投资性保险：适合投资的三类险种

保险中有三类保险的投资性比较高，可称之为投资性保险。如果能洞悉它们的秘密，再加上巧妙利用其优势之处，那么就会让投资增效、财富增值。

下面就让我们对这三类险种进行剖析：

1. 分红险

分红险是指保险公司将其分红保险业务实际经营产生的盈余，按一定比例以现金红利或者增值红利的方式，分配给客户的一种保险品种。它在给客户提供保障的同时让保单持有人享有与保险公司分享分红保险盈余的机会。通常情况下，保单持有人获得保险公司盈余分配的比例不低于当年可分配盈余的70%，可以有效抵抗通货膨胀和利率变动。

按照相关规定，分红险的红利是免利息税的，同购买国债享受一样的待遇。按照目前我国银保监会的规定，分红险的投资渠道为：

a.大额银行长期协议存款；

b.国债；

c.AA级以上信誉企业债券；

d.国家金融债券；

e.同行业拆借；

f.证券一级市场（10%），证券2级市场（10%）；

g.直接或间接投资国家基础设施建设等。

分红险的红利主要来自三个方面：费差益（因发生的费用而产生的盈余）、死差益（因死亡率产生的盈余费差）和利差益（因投资收益产生的盈余）。虽然其保障部分的资金预定利率为2%~2.5%，但允许保险公司每年向投资者派发可浮动的"红利"。

在风险方面，由于分红险的投资渠道收益相对稳定，因此，投资者和保险公司承担的风险较小。

事实证明，分红险以其保费保值、定期返还并外加红利的方式，赢得了投保人的青睐，并借助便利的银行销售网络，成为保险市场的新宠。

2. 万能险

万能险是一种兼具理财和保障双重需求的新型寿险产品。首先，万能险是一款保险产品，具备人寿保险的基本功能，能给投保人提供基本的人生保障。其次，它还是一种理财工具，投保人的大部分保费用来购买由保险公司设立的投资账户单位，由投资专家负责账户内资金的调动和投资决策，将保护的资金投入到各种投资工具上。

万能险之所以"万能"，主要是因为：一是交费灵活，可以任意选择、变更交费期；二是保额可调整，可以在一定范围内自主选择或随时变更"基本保额"，从而满足人们对保障、投资的不同需求；三是保单价值领取方便，投保人可以随时领取保单价值金额，作为子女的教育金、创业金、医疗储备金等。

在投资收益方面，万能险设有最低保证利率和历史年化结算利率，最低保证利率一般为1.75%~2.5%，而超过最低保证利率的部分则是不确定的，通常以保险公司每月月初公布的结算利率为准。通常，各保险公司的保证收益往往是不同的，最终收益取决于保险公司的资金运用水平和综合管理能力。

需要注意的是，万能险的保证收益并不是全部保费的收益率，而是扣除费用及保障成本后的保费进入单独账户的部分。

按照规定，万能险投资账户，除了可以做债券投资外，还可以投资股票二级市场，但是其投资股票二级市场的比例不能超过80%。在风险承担方面，万能险的投资收益与风险由保险公司与客户共同承担，所以，风险性相对较小。

3. 投资联结保险

投资联结保险简称投连保险，顾名思义就是保险与投资挂钩的保险，是指一份保单在提供人寿保险时，在任何时刻的价值是根据其投资基金在当时的投资表现来决定的。

投连保险的保障功能主要体现在被保险人保险期间意外身故，会获取保险公司支付的身故保障金，同时通过投连附加险的形式，可以使用户获得重大疾病等其他方面的保障。

投资方面的主要收入是投保人通过保险公司向股市、债券、货币等资本市场进行投资所获的收益。每个投保人都有保险公司为其设立的投资账户，投保人可以根据风险、偏好，有选择地将资金放入不同的投资账户中。

按照规定，投连保险设立的投资账户，除了可以投向债券外，还可以投向股票二级市场，而且其投资股票二级市场的比例可以为100%。

和万能险有最低保险收益不同的是，投连保险并不保证最低保险收益，其收益完全依靠自己投资所得，而风险也完全由自己承担，因此投资风险很大。根据承受能力，投资账户的形态有激进型、稳健性、保守型可供选择。

第八章

期货投资

——以小博大的生意经

期货投资是用今天的钱买明天的货,是短期内最能赚钱的投资品种,但是,只有具备好的预见能力和分析能力,才能在这场关于未来的战争中取得胜利。

期货：短期内最能赚钱的投资品种

作为一种投资理财工具，期货交易其实是从现货交易中的远期合同交易发展而来的。远期合同交易是一种交易双方约定在未来的某一确定时间，以确定的价格买卖一定数量的某种金融资产的合约。合约中要规定交易的标的物、有效期和交割时的执行价格等项内容。在远期合同交易中，交易的双方聚集在商品交易场所沟通情况，寻找交易对象，通过拍卖或者双方协商的方式来签订远期合同。合同到期后，买卖双方以实物交割来履行约定。在这个过程中，双方慢慢发现，由于价格、利率或者汇率的变化，合同本身就具有了价差或利益差，因此完全可以通过交易合同来获取收益，而不必非要等到合同期满交割实物时。期货交易就是在此背景下产生和发展起来的。

作为21世纪世界上最伟大的投资工具之一，期货投资有其显著的优势。

一是双向性：期货交易可以双向交易，既能做多也能做空。价格上涨时可以低买高卖，价格下跌时可以高卖低补。做多可以赚钱，做空也可以赚钱，所以说期货无熊市。

二是杠杆作用：杠杆原理是期货投资的魅力所在。期货市场里交易无须支付全部资金，目前国内期货交易只需要支付5%的保证金即可获得未来交易的权利。由于保证金的运用，原本行情被十余倍放大。如果操作正确，资金的利润率将达到最大化。当然，如果操作失误，损失也将被放大。在某种意义上讲，期货可以使你一夜暴富，也可以使你顷刻间一贫如洗。

三是费用低：期货交易没有印花税等税费，只需交纳交易手续费即可。一般国内交易所手续费在万分之二三左右，加上经纪公司的附加费用，单边手续费亦不足交易额的千分之一。

四是交易便利：期货交易有固定的场所、程序和规则，运作高效。同时，期货是"T+0"的交易，你可以随时交易，随时平仓，使资金的应用达到极致。

五是零和博弈：期货市场本身并不创造利润。在某一时段里，不考虑资金的进出和提取交易费用，期货市场总资金量是不变的，市场参与者的赢利只能来自另一个交易者的亏损。

六是合约的履约有保证：期货交易达成后，需通过结算部门结算、确认，无须担心交易的履约问题。

当然，期货投资的高风险性，更是不容投资者忽视的。一般来说，期货投资的高风险性体现在如下几方面：

1. 价格拉动风险

期货交易的保证金杠杆效应，使得收益被放大许多倍，一定程度上诱发了投资者的"以小博大"投机心理，使其投机失去理性，客观上加大了价格的波动幅度，从而使风险失控。

2. 强制平仓的风险

交易机构实行每日无负债结算制度，这使投资者在期货价格波动较大，而保证金又不能在规定时间内补足至最低限度时，面临被强制平仓的风险，由此造成巨大亏损。

3. 操作风险

由于投资者的投资理念和操作手法欠妥当，导致风险的产生，比如：在对基本面、技术面缺乏正确分析的情况下，茫然入市或者逆市操作；建仓时盈利的定位和止损价位不正确……这些不当的操作都会让风险陡然增大。

4. 流动风险

流动风险是指交易者难以及时成交的风险。其中交割风险就是一种重大的流动风险。交割风险是投资者在期货合约到期前没有完成对冲操作，到期后就要凑足足够的资金或者实物货源进行交割。这就给投资者带来巨大压力。

5. 信用风险

信用风险是指期货市场中卖方或者买方不履行合约而带来的风险。这种风险有时候影响是非常大的，因此一定要做好调查工作，最大可能地避免这种风险的发生。

尽管期货投资蕴含着较高的风险，但由于期货投资不但获利高而且周期短，所以钟情期货投资的人还是大有人在的。正所谓无限风光在险峰，成功人不走寻常路，相信随着期货市场的逐步完善和投资者投资经验及技能的日益完善，投入期货市场并从中获利的人会逐渐增加。

期货交易：快速实现期货投资入门

期货投资专业性比较强，对于准备投资期货的新手来说，了解一些期货交易入门知识是很有必要的。

1. 期货交易分类

期货交易的对象并不是商品（标的物）的实体，而是商品（标的物）的标准化合约。一般来说，期货分为两类，一类是商品期货，一类是金融期货。

商品期货是指标的物是实物商品的期货合约，通常包括农产品期货、金属期货、能源期货等。

农产品期货：如大豆、豆油、豆粕、籼稻、小麦、玉米、棉花、白糖、咖啡、猪腩、菜籽油、棕榈油。

金属期货：如铜、铝、锡、铅、锌、镍、黄金、白银、螺纹钢、线材。

能源期货：如原油（塑料、PTA、PVC）、汽油（甲醇）、燃料油，新兴品种包括气温、二氧化碳排放配额、天然橡胶。

而金融期货指的是以金融工具作为标的物的期货合约，一般包括股指期货、利率期货和货币期货等。

股指期货：如英国FTSE指数、德国DAX指数、东京日经平均指数、香港恒生指数、沪深300指数。

利率期货：指以债券类证券为标的物的期货合约，其可以避免利率波动所引起的证券价格变动的风险。利率期货一般可分为短期利率期货和长期利率期货，前者大多以银行同业拆借中3月期利率为标的物、后者大多以5年期以上长期债券为标的物。

货币期货：又称为外汇期货，是一种在最终交易日按照当时的汇率将一种货币兑换成另外一种货币的期货合约。是指以汇率为标的物的期货合约，用来回避汇率风险。它是金融期货中最早出现的品种。

2. 期货交易常用语

（1）开仓

也叫建仓或"建立交易部位"，指开始买入或卖出期货合约的交易行为。

（2）平仓

指期货交易者买入或者卖出与其所持期货合约的品种、数量及交割月份相同但交易方向相反的期货合约，了结期货交易的行为。

（3）移仓

也叫迁仓。由于期货合约有到期日，如果想长期持有，需要通过买卖操作将所持头寸由一个月份同方向移至另一个月份。

（4）保证金

指期货交易者开仓和持仓时要交纳的一定标准比例的资金，用于结算和保证履约。任何交易者都需要按照期货合约的一定比例交纳保证金。

（5）穿仓

指客户账户上客户权益为负值的风险状况，也就是客户不仅将开仓前账户上的保证金全部损失，而且还反过来欠期货公司的钱。

（6）结算

期货结算是指交易所对会员和对客户的交易盈亏进行的资金清算。计算的结果作为收取交易保证金或追加保证金的依据。

（7）交割

按照规则和程序，期货合约到期时，交易双方通过该期货合约所载物权的转移或结算，了结到期未平仓合约的过程。分为现金交割和实物交割。

现金交割是指到期未平仓期货合约进行交割时，用结算价格来计算未平仓合约的盈亏，以现金支付的方式最终了结期货合约的交割方式。

实物交割指期货合约的交易双方于合约到期时，通过期货合约标的物的所有权转移，将到期未平仓合约进行了结的行为。商品期货交易主要采用实物交割的方式。

（8）基差

指某一特定商品在某一特定时间和地点的现货价格与该商品在期货市场的期货价格之差。一般来说，参照物不同，基差就不同。

（9）升(贴)水

在期货市场上，如果现货的价格低于期货的价格，或者远期期货的价格高于近期期货的价格，这种情况叫"期货升水"，也称"现货贴水"。如果现货的价格高于期货的价格，或者远期期货的价格低于近期期货的价格，这种情况称为"期货贴水"，也称"现货升水"。

（10）套期保值

指交易者在期货市场买进（或卖出）期货，以便在将来现货市场买进（或卖出）时不至于因价格上涨而给自己造成经济损失的一种套期保值期货交易方式。

3. 期货市场构成

同任何一种交易一样，期货交易也有其固定的交易场所——期货市场。它基本上是由四个部分组成：期货交易所、期货结算所、期货经纪公司、期货交易者（包括套期保值者和投机者）

期货交易所：是期货交易主体，是为期货交易提供场所、设施、服务和交易规则的非营利机构。交易所一般采用会员制，有严格的规范和制度，以保证期货交易公开、公平、公正地进行。

期货结算所：也被称作"票据交换所"或"期货清算所"，负责期货交易的结算，并且承担每笔交易的清算和期货合约到期履约责任。当今各国期货结算所的组成形式大体有三种：一是结算所隶属于交易所，交易所的会员也是结算会员；二是结算所隶属于交易所，但交易所的会员只有一部分财力雄厚者才成为结算会员；三是结算所独立于交易所之外，成为完全独立的结算所。

期货经纪公司：或称经纪所，是代理客户进行期货交易，并提供有关期货交易服务的企业法人。在代理客户期货交易时，收取一定的佣金。

期货交易者：根据参与期货交易的目的划分，基本上分为两种人，即套期保值者和投机者。前者主要是从事商品的生产、储运、加工等活动的主体，而后者则主要是期货市场的频繁交易、低买高卖赚取差价利润的主体。前者放弃期货市场盈利目的，后者则通过在期货市场的频繁交易，低买高卖赚取差价利润。

4. 期货交易的基本程序

期货投资的大致思路是通过预测标的产品未来的价格变化而提前买入或者卖出，以获得差价收益。基本程序大致是：

第一步，选择一家期货经纪公司。自然要优先选择有实力、信誉好、操作规范、愿意为客户考虑、主动为客户服务的经纪公司。

第二步，开户。开户是交易的必要前提。只有开户成功，才能要求经纪公司进行交易。在这一环节中，客户要向经纪公司提供有关文件以及证明材料，并与其签订《客户委托合同书》，缔结委托关系。做好这些后，经纪公司会为客户提供专门用来从事期货交易的资金往来账户。

第三步，做好入市准备工作。这一步因人而异，主要是资金方面的准备、个人心理准备、知识储备、信息储备以及拟定交易方案。

做好这些工作后，再往自己的期货交易账户打入足额保证金后，即可根据自己的要求向经纪公司下达交易的指令。而经纪公司会按照你的指令进行期货投资操作。

为了熟悉交易系统和交易模式，也为了丰富自己的投资经营，投资新手可以利用期货仿真交易练练手。所谓的期货仿真交易就是客户在期货平台上设立一个模拟交易账户，然后用来进行模拟交易。模拟系统的所有数据和真实操作系统的数据是一样的，可以按照真实期货交易的流程及操作方法进行操作练习。

利用仿真模拟系统交易时不需要投入资金，因为模拟系统本身带有一定的资金额度，但是这些资金只能用来模拟交易，而不能真正提取出来。

5. 期货交易制度

期货市场是一种高度组织化的市场，为了保障期货市场平稳运行，期货交易所制定了一系列的交易制度，分别为保证金制度、交割制度、当日无负债结算制度、涨跌停板制度、持仓限额制度、大户报告制度、强行平仓制度、风险准备金制度以及信息披露制度。

（1）保证金制度保也称押金制度，指在期货交易中，任何交易者都必须按照其所买卖期货合约价格的一定比例缴纳资金的制度。这笔资金作为其履行期货合约的财力担保。

（2）交割制度是指按照期货交易的规则和程序，在合约到期时，买卖双方需进行物权转移或者结算的制度。

（3）当日无负债结算制度又称"逐日盯市制度"，是指每日交易结束后，交易所按当日各合约结算价结算所有合约的盈亏、交易保证金及手续费、税金等费用。

（4）涨跌停板制度是指交易日中的成交价格不能高于或低于以该合约上一交易日结算价为基准的某一涨跌幅度。如果超过该范围的报价将被视为无效，不能成交。

（5）持仓限额制度是指交易所规定会员或客户可以持有的、按单边计算的某一合约投机头寸的最大数额。这种制度是为了防范少数投资者操控市场价格。

（6）大户报告制度就是对持仓量较大的投资者进行重点监控的制度，同持仓限额制度一样，主要是为了防止大户操纵市场行为。

（7）强行平仓制度指当会员或客户的交易保证金不够并且还未在规定时间内补足，或者当会员或客户的持仓数量超出规定的限额时，交易所或者期货经纪公司为了防止风险进一步扩大，强制平掉会员或客户相应的持仓的制度。

（8）风险准备金制度是指交易所从自己收取的会员交易手续费中提取一定比例的资金，作为确保交易所担保履约的备付金的制度。

（9）信息披露制度也称公示制度、公开披露制度，是指交易所定期公布期货交易相关信息的制度。

期货品种：选对品种，才有得赚

期货投资是否能赚到钱，与选择的期货品种有很大的关系。一些期货投资者抱怨期货投资市场行情不好，难以赚到钱，但是同一个市场，一样的行情下，却有很多投资者赚得盆满钵满，原因在哪里？主要原因之一就在于选择的交易品种不同。哪些品种容易赚钱？哪些品种容易亏钱？其中有一定的讲究。下面是一些期货投资高手选择期货品种的宝贵经验，酌情参考。

1. 注重研究基本面

选择做任何品种的投资，务必都要做到对这个品种有基本的了解，因此不要忽视对品种基本面的分析。投资者最忌讳对品种一无所知便参与交易，这往往会导致两种后果：第一，对价格变化没有明确的判断标准；第二，对价格判断不明确容易扰乱投资心态，从而使后续的投资方向变得混乱。

事实上，基本面确实是十分关键的，对研究期货行情的趋势走向具有重大意义，所以要经常关注并仔细研究基本面，一旦某一个品种来了机会，也好提前察觉，然后通过调查和市场分析，做出决策。如果忽视了关注和研究，好的行情就可能"飘然而过"，从而失去了赚钱的机会。

2. 尽量做自己熟悉的品种

期货投资要尽量做自己熟悉的品种，不熟悉的品种尽量不要去做。选择自己熟悉的品种投资，好处在于对行情会有一个较为清晰的把握，哪些现象是正常现象，哪些现象属于非正常现象，什么东西合理，什么东西不合理，做到心中有数，这样就会谋定后动，及时跟进。如果一开始没有熟悉的品种，可以选择做一个品种两三年，这样它自然就成了熟悉的品种。

3. 寻找相对有良好趋势的品种

要寻找一些相对有良好趋势的品种去投资，原因很简单，就是因为这样才更有机会赚到钱。投资期货，看的是趋势，而不是目前的价格，因此要关注某个品种的行情走势是否具有一定的稳定性和持续性。而要做到这一点，需要对政治、经济政策以及产生背景都要有一个较为清晰的了解，这样才能对市场会有一个较为准确的了解，对投资品种有个准确的定位，也才能选择到赚钱的好品种。

4. 选择有良好流动性、成交量大的品种

为了便于成交，在选择品种的时候一般要选择流动性好、成交量大的品种，这样无论是进场还是出场都比较容易实现。对普通投资者来说，被一些大的投资者垄断的品种，一般情况下不要轻易去交易。

5. 选效果好的品种

这是比较稳妥的方法，好处是显而易见的。那么如何选到效果好的品种呢？最简单的办法就是把自己近两三年的账单拉出来看资金曲线。资金曲线是一目了然的，哪怕所有的品种都是亏的，总有一个是亏得最少的，而这个亏得最少的就是相对效果好的品种。

另外，如果没有足够的把握，期货投资的品种不宜多，很多时候，只选一个品种坚持到底成为很多期货投资者投资成功的关键。

避险：降低期货投资风险的5个方面

虽说期货交易有较高的风险，但你要知道任何投资品种都有它特有的规律和特点，只要我们把握住了规律，还是可以通过有效的防范手段来规避其风险的。

具体来说，我们可以从以下5个方面规避期货投资风险。

1. 做好准备功课

期货交易是一门较为专业的投资学，涉及众多因素，如金融学知识、经济政策、经济走势、国际协定等，期货市场就是这众多因素综合作用的结果。这也就决定了投资者在投资前一定要做好这些方面的功课，应对上述内容有一个全面的了解，只有做好了这些方面的功课才有可能准确预判行情走势，为盈利打好基础。

2. 制定投资战略、战术并严格执行

投资前要制定科学的投资战略、战术。计划要尽可能周密完善，无重大遗漏，对建仓过程、建仓比例、亏损幅度都要制订相应的方案及应变策略。方案制订好，在投资的过程中，要严格执行，轻易不要改变。

3. 做好资金管理

投资者必须要对自己能够参与期货交易中的所有资金进行管理。这对规避风险，减少损失十分重要。众多事实证明，交易亏损控制在总资金的20%～30%，属于合理的范围。

对刚进入期货市场的投资者而言，资金使用率最多不要超过30%，虽然这样盈利会少一些，但亏损也少一些。一定不要人心不足蛇吞象，资金使用率过高，一旦错判行情，亏损可就大了，甚至连翻身的机会都没有。

4. 严格执行止盈止损

投资者一定要充分认清并重视期货投资市场潜在的各种风险，及时止盈止损，而不要抱着侥幸的心理，期望一口吃个胖子，或者幻想翻盘。这种想法容易将自己带入更深的"泥潭"。因此，在期货价格方向走反，不要被亏损所纠结，要当机立断，及时松手，要小损而不要大损。有很多散户会设立止损位，但是不会设立止盈位。设止盈位也非常重要，否则容易造成实际损失，一定程度上的"见好就收"还是很有必要的。

5. 艰难期学会空仓

有些投资者很善于利用资金进行追涨杀跌的短线操作，这种操作有的时候会让投资者获得较高的收益，但是对一般投资者来说，很难做到每天都有时间看盘，也很难做到每天都能追踪上热点。所以，安全起见，要学会空仓，就是在感觉热点难以把握、多数期货大幅下跌、涨幅榜上的期货涨幅很小而跌幅榜上期货跌幅很大时，需要考虑空仓。

除了要做好这5大方面的工作外，投资者也不要轻视一些小环节，若这些小环节没有处理好，同样会让交易的风险大增，为投资埋下隐患。比如要优先选择比较平稳的品种，借以逐步了解市场，增加经验。这一点对刚进入期货市场的投资新手有着重大意义，不但可以增加其经验，还可以因极有可能的盈利而增强其信心。

另外，要从小额做起，稳扎稳打。这对于投资新手来说十分重要。初期保证生存是头等大事，等生存不成问题了，再寻求发展。如果连生存都是问题，那又何谈发展，风险会随时吞噬你的。

总之，要想在期货投资市场有所收获，就要全方位做好期货交易的风险管理，各种防范措施尽用，努力将各项潜在的风险解决掉，自然就会赢得一个好的收益。

第九章

外汇投资

——用钱赚钱的投资理财新渠道

外汇市场不是一个可以随便"捡钱"的地方,想要通过外汇投资盈利没有想象中那么简单,要想成为那10%的盈利者,你要学习的知识还有很多。

外汇：容易赚钱，也容易亏钱

事实上，任何事物都是有其双面性的，外汇市场其实也是一个机遇与风险并存的市场。调查显示，约有90%的外汇投资者都是亏损的，但是仍然有10%的投资者赚得盆满钵满。终极结论是：只要投资得法，每一个外汇投资者都可以进入这10%的行列，成为长期、稳定、持续盈利的群体中的一员。

下面我们就来详细了解一下外汇投资的特点。

1. 交易方式多种多样

外汇投资，是指投资者为了获取投资收益而进行的不同货币之间的兑换行为。外汇投资有几种交易方式最为投资者所熟悉，这几种交易方式分别是：即期外汇交易、远期外汇交易、外汇期货交易、外汇期权交易、保证金交易、实盘交易。

（1）即期外汇交易，是指在外汇买卖成交后，原则上在两个工作日内办理交割的外汇交易。它是外汇市场上最为常见的一种交易方式，即期交易采用即期汇率，因此，又被称为"现货交易"或"现期交易"。它的特点是操作方便、及时，风险较低。

（2）远期外汇交易，是指外汇买卖成交后，货币交割在两个工作日以后进行的外汇交易。远期外汇交易最长可以做到一年，3个月之内交易最为常见。远期交易又可分为有固定交割日的远期交易和择期远期外汇交易。

（3）外汇期货交易，是一种交易双方在有关交易所内通过公开叫价的拍卖方式，买卖在未来某一日期以既定汇率交割一定数量外汇的期货合同的外汇交易。

（4）外汇期权交易，是一种以一定的费用获得在一定的时刻或时间内拥有买入或卖出某种外汇的权利的合约。按规定，期权合同的卖方可以在期权到期日之前按照合同约定的汇率买进或卖出约定数量的外汇，但也可以不履行这一约定。

（5）保证金交易，也称为"虚拟盘交易"，俗称"炒外汇"，是指通过与银行（或经纪行）签约，开立信托投资账户，存入一笔资金（作保证金）作为担保，然后借由银行（或经纪行）提供的融资来进行的外汇交易。银行（或经纪行）设定信用操作额度（即20～400倍的杠杆效应）。投资者可在额度内自由买卖同等价值的即期外汇。操作所造成的亏损或者收益，自动从投资账户内扣除或存入。保证金交易的特点是杠杆投资，以小博大，有较大的风险。2008年，中国银保监会已经叫停了国内银行的外汇保证金业务。这样投资者如果想要开户必须由代理商在国外公司办理。

（6）实盘交易，是投资者在银行开始交易账户，以个人账户内的资金通过网络、电话、银行柜台和银行自助终端上进行外汇买卖交易。这种交易方式是我国特有的一种交易方式。相对于外汇保证金交易，实盘交易具备更加完善的资金保障制度，监管体系也更加严格。没有杠杆效应，风险和收益都比较小。

2. 交易成本相对较低

与股票或其他证券的交易相比，外汇交易的成本可以说是低到你完全没有感觉。这是因为外汇交易采取的是点差交易。大多数外汇经纪商从货币买卖之间收取一部分点差收益，且免除佣金和其他手续费。这也是为什么很多外汇投资者并不把交易成本作为选择交易商的重要参考的主要原因。

3. 交易操作随时随地

外汇交易没有特定的交易场所，而且外汇市场全天24小时运行。也就是说不管你是在上班、下班、厨房还是洗手间……，也不管是几分钟、几小时，还是几天、几周……只要你想交易，随时可以，一切取决于你对市场的走势判断。外汇交易就是在这种宽松的方式下，赢得了众多投资爱好者的芳心。

4. 交易市场流动性强

外汇市场是世界上流动性最强的金融市场，每天60000亿美元的成交量，意味着每一笔交易对外汇市场本身产生的影响微乎其微，任何机构也没有坐庄的实力，从而也就保证了外汇交易的两大优点——公平性、透明性。而且这是一个持续循环的市场，投资者也不必担心在开市或闭市时的高波动性，或者由于交易量缩减而导致的价格波动停滞，这些是在证券交易中司空见惯的弊端。

5. 外汇市场风险大

同时，外汇市场也是一个风险很大的市场，它的风险主要在于决定外汇价格的变量因素太多。虽然现有的关于外汇波动原理的书比比皆是，有的从经济理论去研究，有的从数理统计去研究，也有的从几何图形去研究，还有的从心理和行为科学的角度去研究，但外汇市场的波动仍经常出乎投资者的意料。

其实，任何一种投资，要想获得收益都不是只靠运气就可以的，只有坚持不懈，不断学习，掌握有效的资金管理技术，做好风险把控，以及强大的交易计划，才会让你成为一个成功的外汇交易者。

汇率：投资新手必备的基础知识

作为外汇投资者，要想从外汇投资中获取理想的收益，就一定要对"汇率"有较为透彻的了解。

1. 汇率的基本概念

汇率，即一种货币兑换另一种货币的比率，亦称"外汇行市"或"汇价"，是以一种货币表示另一种货币的价格。由于世界各国（各地区）货币的名称不同，币值不一，所以一种货币对其他国家（或地区）的货币要规定一个兑换率，即汇率。

2. 汇率的表示方法

在外汇市场上，汇率是以五位数字来显示的，从右边向左边数过去，第一位称为"X个点"，它是构成汇率变动的最小单位，第二位称为"X十个点"，依此类推。例如：1欧元=1.1138美元；1美元=102.51日元。欧元对美元从1.1133变为1.1138，称欧元对美元上升了5点；美元对日元从103.01变为102.51，称美元对日元下跌了50点。

货币名称，通常是用三个英文字母来表示，如：欧元（EUR）0.9705、日元（JPY）119.95、英镑（GBP）1.5237。

3. 汇率的标价方法

外汇市场上的报价一般为双向报价，即由报价方同时报出自己的买入价和卖出价，由客户自行决定买卖方向。买入价和卖出价的价差越小，对于投资者来说意味着成本越小。确定两种不同货币之间的比价，先要确定用哪个国家的货币作为标准。由于确定的标准不同，于是便产生了几种不同的外汇汇率标价方法。

一种是直接标价法，又叫应付标价法，是以一定单位（1、100、1000、10000）的外国货币为标准来计算应付出多少单位本国货币。就相当于计算购买一定单位外币应付多少本币，所以就叫应付标价法。在国际外汇市场上，包括中国在内的绝大多数国家目前都采用直接标价法。如美元兑人民币汇率为6.6878，即1美元兑6.6878元人民币。在直接标价法下，若一定单位的外币折合的本币数额多于前期，则说明外币币值上升或本币币值下跌，叫作外汇汇率上升；反之，如果用比原来较少的本币即能兑换到同一数额的外币，这说明外币币值下跌或本币币值上升，叫作外汇汇率下跌。

另一种叫间接标价法，又称应收标价法。它是以一定单位（如1个单位）的本国货币为标准，来计算应收若干单位的外汇货币。在国际外汇市场上，欧元、英镑、澳元等均为间接标价法。如欧元兑美元汇率为1.1138即1欧元兑1.1138美元。在间接标价法中，本国货币的数额保持不变，外国货币的数额随着本国货币币值的变化而变化。如果一定数额的本币能兑换的外币数额比前期少，这表明外币币值上升，本币币值下降，即外汇汇率下跌；反之，如果一定数额的本币能兑换的外币数额比前期多，则说明外币币值下降、本币币值上升，即外汇汇率上升。

4. 汇率的走势判断

洞察汇率的变化、判断外汇的走势，可通过基础分析和技术分析相结合的方式来进行。

基础分析是对影响外汇汇率的基本因素进行分析。基本因素就是影响汇率波动的各种因素，分析的目的是寻找汇率整体变化趋势，摸索市场规律，努力从这些基本面中捕捉到汇率走势的"蛛丝马迹"。

通常来说，汇率波动的影响因素来自多方面，具体来说：

（1）经济增长速度的影响。经济增长速度是影响汇率的基本因素之一，若一个国家的经济增长速度快，那么这个国家的货币就会升值，汇率就会发生变化。在外汇市场，虽然以美元为中心的国际货币体系已经解体，但美元在各国的外汇储备和国际清算中仍然占有绝对的主导地位，所以，美国的经济数据是外汇市场的代表，如果美国的经济数据普遍不好，那意味着美元就会大幅下挫，进而影响到外汇价格。

（2）国际收支的影响。一个国家的外贸收支情况对汇率变动起着非常大的作用，外贸顺差，市场对这个国家货币的需求增加，这个国家的货币就升值，本币汇率就上升；反之，外贸逆差，市场对这个国家的需求就下降，这个国家的货币就贬值，本币汇率就下跌。

（3）通货膨胀的影响。货币的购买力对汇率的影响也很大。一个国家必须保证它的货币供给保持一定的数量，假如发行的纸币过多，纸币就会大幅贬值，购买力就会下降，即发生通货膨胀。如果通货膨胀加速，本币汇率就会下跌；反之，如通货膨胀减缓，本币汇率就上涨。

（4）利率水平的影响。利率和汇率是紧密相关的，对汇率有很大的影响。如果一个国家的利率过低，就容易造成货币从本国流向利率高的国家，投机者借以获取利息差。正因为这样，高利率水平可吸引国际资金短期流入，提高本币汇率。

（5）汇率政策的影响。主要表现在，一个国家根据本国货币的走势，采取加剧或抑制本币汇率上涨或下跌的措施，客观上造成汇率的变化，有时候这种作用起着决定性作用，如政府宣布将本国货币贬值或升值；央行决定利率升降、市场干预等。

（6）外汇投机的影响。一些大公司，特别是一些跨国公司的外汇投机活动，有些时候能使汇率发生较大的变化，使其超出预期的合理幅度，对汇率走势产生深远的影响。

（7）政治、军事局势的影响。国际、国内的政治局势变动对汇率有非常大的影响，若局势稳定，则汇率稳定；若局势动荡，则汇率会大幅下跌。同样，战争、冲突、暴乱对相关地区以及弱势货币的汇率将造成不利影响，但是对于远离事件发生地国家的货币和传统避险货币的汇率则往往有利。

（8）突发事件的影响。一些重大的突发事件，会对市场心理形成影响，而市场心理又严重影响着汇率的走向，从而使汇率发生变化。其造成的结果，也将对汇率的长期变化产生影响。

而技术分析就是借助心理学、统计学、数学、价格学等学科的研究方法和手段，分析外汇汇率的走势与成交量变化等信息。

基本面分析和技术分析要有机结合起来，相辅相成，从基本面分析找寻大的趋势，然后通过技术分析来寻找交易点位，这样才能使投资占据优势。

外汇交易平台：小心黑平台

外汇交易平台泛指外汇市场上的一些具备一定实力和信誉的独立交易商。众所周知，与其他金融市场不同，外汇市场没有具体地点，也没有中央交易所，只是通过银行、互联网进行交易，因此，选择一个好的外汇交易平台对于交易将起到非常大的作用，它可以保证交易资金安全、交易操作顺畅、分析精确到位。

但是，如雨后春笋般涌现出来的交易平台常常令投资者眼花缭乱。那么，如何才知道某个交易平台更规范、专业、高效呢？

1. 平台稳定性要好

由于风险管理水平存有差异，再加上平台所用的软件的性能和服务器的大小不同，还有网络服务器到国内的距离不一样，导致平台本身运转的稳定性有所差别。稳定性差的平台经常发生与国际市场数据不一致的情况，有的平台甚至无法完成交易，因此，不要选稳定性差的平台。

稳定性好的平台执行指令速度快，提供的不同的交易分析工具功能强大，交易优势明显，一定程度上可以让投资者享受稳定的交易收益，从这一点上说，非稳定性好的平台不选。

2. 平台监管制度要健全

监管制度健全完善也是一个优秀交易平台的重要特征。在市场波动频繁且剧烈的情况下，很多风险控制能力较弱的平台有亏损甚至破产的可能。如果监管制度不健全，那么就有可能发生保证金公司卷走客户保证金的事情，而如果监管制度健全，当发生风险时，由于有国家和大银行做后盾和监管，投资者的利益会有更好的保障。因此，安全起见，要选择那些监管制度健全的国家的交易平台做外汇交易。

3. 平台信誉度要好

一些保证金公司认为它们的注册地在海外，如果出了什么事，投资者也拿它们没办法，因此它们放开对自己的束缚，肆意变换收费标准和隔夜利息的计算方法，甚至调整点差，制定不公正条约，做出"损公肥私"的事情。所以，在第一次合作时，事先一定要调查一下要合作平台的信誉度，可以去网上查询，也可以侧面打听。

同时，还要直接询问对方隔夜利息的计算方法是否会随意改动，交易的点差是否要随着行情的变化而随意调整，探查清楚了才决定是否合作。

4. 平台资金出入渠道要畅通

由于保证金交易出现必须立刻补仓的情况较多，因此，平台一定要保证资金进入渠道畅通，如果渠道不畅通，导致资金延迟到位，就可能导致投资者失去机会。同样，出金的渠道也要畅通，否则容易给投资者造成损失。

5. 平台操作模式要便捷

简单易行的操作模式便于操作者使用，因此平台的操作模式设计要人性化，人性化设计越多，往往越得投资者青睐。比如，平台的页面设计要简洁明了，有利于投资者操作，平台明示各个货币对每天的隔夜利息损益，有利于投资者查阅，具有重点价位的提醒功能，会让投资者提高注意力，等等。总之，越是贴近投资者心理的设计，越容易获得投资者的喜欢。

6. 平台交易收费要合理

外汇市场上，不同保证金平台的交易费用是不一样的，有的高达20点，而有的低至两三点。实际上，任何保证金交易平台都是有交易费用的，通常情况下，4个点左右的费用能够让保证金公司维持正常运行，6个点就可以实现赢利。如果客户数量多，交易量大，点数少些也可以实现不菲的赢利。高于6个点的费用就属于偏高收取，而低于3个点的费用则属于入不敷出，对此，投资者要提高警惕，防止上当受骗。

7. 平台推出的年限要久

如果一个平台推出很多年之后，依然受到很多投资者的青睐并且在交易中受到更多新手投资者的推崇，那么这样的平台就值得投资者信赖。因为之所以一直受到青睐，意味着该平台一定有优越之处，它的交易服务以及交易优势肯定相对突出，因此，投资者完全可以放心选择这样的平台。

总之，选择一个优秀的交易平台十分重要，它可以增强投资者的交易优势，让投资者的交易更顺畅，投资之前要从上述的7个方面考察平台，努力找出其优缺点，然后再根据自己的实际情况选择适合自己的交易平台。

介入时机：增大收益减少亏损的精髓

外汇投资是非常讲究技巧的，适当的技巧可以让投资者在恰当的时机介入交易中，又可以恰到好处地买入或卖出，以增大收益，减少亏损，还能在遭受大危机时从容退出而不遭受任何损失，最终实现资产的最优增长。下面是一些必要的交易技巧，能够帮助你掌握外汇投资的精髓，让你在外汇市场中如鱼得水，有所收获。

1. 选择好时机建立头寸

建立头寸是指买进一种货币，同时卖出一种货币的行为，也叫"开盘"或"敞口"。选择适当的汇率水平和好时机建立头寸是赢利的重要条件。如果选择的时机恰当，赢利的机会就大，选择的时机不当，就容易亏损。至于什么时候是建立头寸的好时机，则关系到很多方面，比如需要看市场趋势如何，要看最近的基本面分析，要看振荡指数给出什么样的信号，等等。要综合把握这些信息，最后在此基础上做出决定。

2. 止损斩仓和获利平仓

止损斩仓是指在建立头寸后，所持的币种汇率下跌，为了防止损失过大采取的一种出仓止损的行为。有时候，投资者不甘心赔钱，坚挺不出仓，往往汇率一再下滑，导致更严重的损失。所以，及时止损斩仓是一种理智行为。正所谓留得青山在，不怕没柴烧，要订立一个止损点，一旦市场趋于不利，汇价触及止损点，就要勇于舍得"割肉"，弃车保帅。

与止损斩仓不一样，获利平仓是在建立头寸后，所持币种汇率上涨，投资者平仓以获取利润的行为。获利平仓的时机不好把控：平盘过早，获利不多；平盘过晚，又可能延误时机，造成利益损失，甚至发生亏损。因此，要综合把控，适当见好就收。

3. 买涨不买跌

外汇投资要尊奉"买涨不买跌"的原则，这一点同股票投资一样，之所以这样做的原因是在价格上升的过程中只有在顶点的时候算是买错了，其他任何一点买入都是对的。而在价格下跌的过程中买入只有在跌到最低点时才算是对的，其他任何一点买入都是错的。可见，买涨比买跌赢利的概率要大。

4. 金字塔加码

不要把外汇投资当作赌博，因此切不可像赌徒一样孤注一掷，将资金全部投入进去。当市场行情不明朗时，孤注一掷很容易让自己血本无归。理智的做法是实行"金字塔加码"，即先投入一部分试探一下，如果局势明朗，而且趋势良好，即汇率上升，再追加投资。追加要奉行"每次加码的数量要比上次少"的原则。

5. 好消息时买入，坏消息时卖出

同股票市场一样，外汇市场也经常有一些好坏消息流传。这些好坏消息事后证明有些是真实的，有些则是虚假的，还有些消息是有人故意散布的。不管这些消息是真是假，统一的做法是听到好消息时立即买入，一旦消息得到了证实，要马上出仓获利。相反，听到坏消息时要马上卖出，一旦消息得到确认，要立即买回。这样就可能获利。

6. 盘局突破建立头寸

盘局是指汇率处于窄幅波动，买家和卖家势均力敌，暂时相持不下的状态。无论是上升过程还是下跌过程中，一旦突破盘局，汇价或上涨或下跌，多呈现急速进展，这个时候，是建立头寸获取大利的极好机会，因此要抓住这个难得的机会建立头寸。

7. 基本面分析和技术分析相结合

基本面分析和技术分析是分析汇率的两种方法，由基本面分析得出的汇率长期发展的趋势较为可靠，而且具有提前性。缺点是无法提供汇率涨跌的起止点和发生变化的时间。这种不足需要靠技术分析来弥补。

技术分析是建立在对历史数据进行统计分析的基础之上的，通过研究和分析，总结出一定的规律，形成一套完整的理论和方法并运用于实践，目的是用以前的规律来预测未来的趋势，特别是短期波动趋势。基本面分析和技术分析相结合，可以较为精准地预测汇率的变化趋势。

第十章

黄金投资

——投资理财永远的"稳压器"

在通货膨胀和灾难面前,黄金充分展现了它"稳压器"的效应,如果你实在不知道投资什么,或者担心你的财富缩水,那么不妨买些黄金避险。

黄金：黄金的独特投资优势

长久以来，黄金投资一直受到广大投资者的青睐，恐怕历史上还没有任何一种投资品可以像黄金一样能够长久地受到投资者的青睐。

这是因为黄金投资具有以下独特的优势：

1. 最佳保值产品之一

黄金是一种独特的资源，千年不朽，具有永恒的天然价值，有"全球硬通货币"之称，是全球最佳保值产品之一，升值潜力巨大，各国都将其列为本国最重要的货币之一。现在世界通货膨胀加剧，黄金成为抗通货膨胀的有力武器，从而推进了黄金的增值。

2. 产权转移简便

黄金的产权转移非常简便，不受任何登记制度的阻碍。在黄金市场开发的国家，无论是谁都可以从公开的场合购买黄金，而不会受到什么制度的约束。黄金还可以自由转让，不像房屋转让、股票转让需要办理一下过户手续。

另外，黄金有庞大的市场，没有地域和时间限制，并且实行24小时交易模式，因此买卖很方便，也很容易变现。

3. 赢利空间大

黄金价格波动比较频繁，而且波动幅度比较大，这是因为黄金同时受国际上各种政治因素、经济因素，以及各种突发事件的影响，因此可以利用差价进行黄金买卖。

另外，黄金价格的波动是相对独立的，不受其他投资品种的影响，即使投资组合中只有小部分黄金也能有助降低整体的风险，甚至可令资产增值。

4. 税收有优惠

黄金可以说是世界上税务负担最轻的投资品，其买卖过程中所包含的税收款项，似乎只有黄金进口时的报关费用。其他像房产交易、股票交易等都有较大的税收成本，因此，如果你想把财产转移给下一代时，最好的办法就是将财产换成黄金，然后由下一代再将黄金换成其他财产形式，这样就免去了各种高昂的费用。

5. 维护的成本低

黄金品质没有新旧之分，只有含金量高低之别，所以不存在折旧，也不用日常维护，这样一来维护的成本就会大幅度降低。随着银行保险箱业务的推出，更是方便了普通投资者大额黄金的交易与存放。

6. 最好的抵押品

由于黄金是世界上公认的投资工具，很受追捧，因此需要典当时，成为最好的抵押品。而其他物品做抵押需要做鉴定，不但麻烦，而且真实价值很难评估。黄金做抵押品，只需要提供一份检验纯度的报告就可以，一般典当行都会给予黄金高达90%的短期贷款。

7. 市场独立自由

在股票市场，常常有庄家操作个股行情的情况，但是黄金市场则不会出现这种情况，因为黄金市场属于全球性的投资市场，价格高度透明，交易量巨大，没有哪个财团或者国家具有操控黄金市场的实力。

8. 操作简单

投资者如果进行股票投资，需要进行烦琐的筛选分析过程，而投资黄金则不需要经过选股过程，相对来说，操作简单。

9. 行情看好

从长期来看,黄金投资有美好的前景,主要是因为黄金储量越来越少,人们多年不减的投资热情、消费需求,以及新兴经济体的储备需求。

总之,黄金投资简单方便,易于操作。同时,市场独立、价格透明,不会被某个庄家或国家所操控,而且盈利空间大,前景光明,确实是一个适合普通投资者的较好的投资理财项目。

金价：对价格的准确判断是盈利基础

由于黄金的特殊属性，以及宏观经济、国际政治、投机活动和国际游资等因素，使得黄金价格涨跌不断、难以预料。因此，炒金者在进行黄金投资前，应该对黄金价格大趋势有准确的判断，然后再掌握具体操作策略，让自己的盈利机会更大一点。

1. 根据美元走势判断

美元走势与金价密切相关。一般在黄金市场上有"美元涨则金价跌、美元降则金价扬"的规律。美元坚挺一般代表美国国内经济形势良好，投资美元升值机会大，人们自然会追逐美元，黄金作为价值贮藏手段的功能削弱；而美元走弱，与通货膨胀、股市低迷等有关，黄金价值含量较高，美元贬值和通货膨胀加剧往往会促使对黄金保值和投机性的需求上升。

2. 根据供需变化判断

黄金交易是市场经济的产物，金价的波动自然受市场供需等基本因素的影响。供给方面包括地球上的黄金存量、年供应量、新的金矿开采成本等；需求方面包括黄金实际需求、保值需求、投机性需求等。具体来说：

（1）供给因素

①黄金存量：世界黄金协会报告曾指出，截至2010年，全球已查明的黄金资源储量约为10万吨。而地球上黄金的存量每年还在大约以2%的速度增长。

②年供应量：黄金的年供应量大约为4200吨，每年新产出的

黄金占年供应的62%。

③新的金矿开采成本：黄金开采平均总成本大约略低于260美元/盎司。由于开采技术的发展，黄金开发成本在过去20年里持续下跌。

④黄金生产国的政治、军事和经济的变动状况：发生在这些国家的任何政治、军事动荡无疑会直接影响该国生产的黄金数量，进而影响世界黄金供给。

⑤各国黄金储备政策的变动：各国中央银行黄金储备政策的变动引起的增持或减持，黄金储备行动也会影响黄金价格。

（2）需求因素

①黄金实际需求量（首饰业、工业等）的变化。一般来说，世界经济的发展速度决定了黄金的总需求，经济发展速度越快对黄金的需求量就越大。

②保值的需要。黄金储备一向被央行用作防范国内通胀、调节市场的重要手段。而对于普通投资者，投资黄金主要是在通货膨胀情况下，达到保值的目的。在经济不景气的态势下，由于黄金相较于货币资产更为保险，导致对黄金的需求上升，金价上涨。

③投机性需求。投机者根据国际国内形势，利用黄金市场上的金价波动，加上黄金期货市场的交易体制，大量"沽空"或"补进"黄金，人为地制造黄金需求假象。在黄金市场上，几乎每次大的下跌都与对冲基金公司借入短期黄金在即期黄金市场抛售和在COMEX黄金期货交易所构筑大量的空仓有关。当触发大量的止损卖盘后，黄金价格下泻，基金公司乘机回补获利，当金价略有反弹时，来自生产商的套期保值远期卖盘压制黄金价格进一步上升，同时给基金公司新的机会重新建立沽空头寸，形成了当时黄金价格一浪低于一浪的下跌格局。

品种：选择适合自己的投资品种

随着黄金市场的发展，黄金投资的种类也越来越多了。目前，黄金市场上可投资的品种大致可分为以下三类：

1. 实物黄金

实物黄金投资通常包括投资金条、金币、金饰品。

（1）金条

金条是黄金市场最为普遍的交易品种，也是基础投资工具，市场上用于投资的金条种类繁多，大体上可以分为两类，一类就是专门用于投资的标准金条，另一类是纪念性金条。

专门用于投资的金条，也称"素金""标金"，加工费用少，可以说是最"便宜"的金条。由于其规格比较统一，因此可以在世界范围内方便买卖，而且多数地区对其交易不征收交易税，再加上报价的及时和透明，所以是投资黄金最适宜的品种。投资性金条来源较为广泛，很多银行、黄金公司均有销售。规格有400盎司、100盎司、10盎司、2盎司、1盎司、1/2盎司和1/4盎司。

纪念性金条，主要面向对某种题材有兴趣的投资者，或者是黄金类产品的礼品购买者。纪念性金条价格通常与产品本身的黄金价值有较大的偏离，纪念性金条的价格主要看其艺术价值等附加值，黄金价格本身的涨跌对其影响不大。另外，相对于标准金条来说，纪念性金条变现不那么及时和方便，再加上与实际黄金价值有较大的偏离，所以普通投资者要慎重投资这类黄金。

（2）金币

金币是具有规定成色和重量，浇铸成一定形状并标明其面值的铸金货币，人类历史上相当长的一段时间内金币是很多国家的官方货币，而现代则成了私有的收藏品，是一种纪念价值相当高的纪念物。

金币分为两种，一种是普通金币，一种是纪念金币。普通金币也叫投资金币或者纯金币，我国的熊猫金币、孔雀金币，美国的鹰扬金币，加拿大的枫叶金币，都属于这类金币。普通金币发行量大，一般为不限量发行，主要作投资使用。纪念金币就是纪念性质的金币，通常限量发行，适合收藏。

与投资金条相比，投资金币具有发行量小、材质贵重，艺术价值高等优点，因此具有更诱人的前景，也由此成为人们投资的一种较好选择。

（3）金首饰

金首饰指以黄金为主要原料制作的首饰，从其含金量上可分为纯金和K金两类。纯金首饰的含金量在99%以上，最高可达99.99%，有"十足金"之称。而K金是指在纯金中加入了一些其他的金属，又称为"开金""成色金"。

通常情况下，黄金首饰的使用功能要强于投资功能，它的售卖价格中往往包含了高昂的设计、制作、工艺等附加值，与实际黄金的价值偏离很大，而且在使用中，难免会有一定程度的磨损，变现或者再一次售卖时，这部分磨损会拉低价格。

另外，交易对方往往只关注黄金的本身价值，这样给出的价格极有可能与你的心理价位相去甚远，因此黄金首饰并不是一种很好的投资品种。

2. 纸黄金

纸黄金，是一种个人凭证式黄金，其交易过程就是投资者按银行报价在账面上买卖"虚拟"黄金，个人和银行之间不发生实物的提取和交收。纸黄金价格跟随国际黄金市场的波动情况进行报价，投资者通过把握市场走势低吸高抛，赚取黄金价格的波动差价。

不同于实物黄金交易，纸黄金交易有自己的特点：

（1）纸黄金分类

纸黄金包括黄金储蓄存单、黄金汇票、黄金债券、黄金提货单、黄金账户存折、黄金交收订单、大面额黄金可转让存单以及国际货币基金组织的特别提款权等。

（2）纸黄金开户

纸黄金买卖的开户简单至极，只需带着身份证与不低于购买10克黄金的现金，就可以在银行开设纸黄金交易专用账户。纸黄金每笔申报交易的起点数额为10克，每次要以10克或大于10克的整克数量交易；每次的手续费以1元/克收取，但一次购买超过1000克能够享受优惠，由此可见纸黄金投资门槛较低。

（3）纸黄金交易

纸黄金的交易方式多样，常用的有以下几种方式：一是到银行柜台去买卖；二是通过电话查询当日的黄金价格，然后交易；三是通过互联网银行进行交易。具体过程与股票交易基本相同，包括即时交易、双向委托、获利委托以及止损委托等。

就交易模式而言，纸黄金提供了"美元金"和"人民币金"两种方式，为外币和人民币的理财都提供了相应的机会。同时，纸黄金采用的是T+0的交割方式，当时购买，当时到账，因此每日可以进行多宗交易，比股票市场多了更多的短线操作机会。

另外，投资者黄金存折账户的存金既可以用于买卖交易，也可充作抵押物或保证金向银行申请黄金贷款，这也给投资者带来了极大的方便。

3. 黄金期货和黄金期权

相比实物黄金和纸黄金而言，黄金期货和黄金期权属于高风险品种，收益较高，适合专业且承受能力高的投资者。

（1）黄金期货

黄金期货，是指以国际黄金市场未来某时点的黄金价格为交易标的的期货合约，投资人买卖黄金期货的盈亏，是由进场到出场两个时间的金价价差来衡量，契约到期后则是实物交割。

其交易的对象是期交所提供的各期限的黄金合约，报价以人民币提供，交易起点为1手合约，即1000克。黄金期货实行的是T+0交易，也就是当天买进当天就可以卖出。黄金期货具有杠杆作用，能做多做空双向交易，金价下跌也能赚钱，满足市场参与主体对黄金保值、套利及投机等方面的需求。

黄金期货风险较大，个人客户会面临保证金余额不足而被强行平仓的风险，客户损失的可能是账户内的所有资金。由于国内黄金期货市场价格变动受国际市场波动影响，而金价常常在晚间的纽约市场大幅波动，因此国内期货交易所金价难免出现跳空的价格走势，投资人持仓的交易风险有所增加，普通投资者参与一定要谨慎。

（2）黄金期权

黄金期权是买卖双方在未来约定的价位具有购买一定数量标的的权利，而非义务，如果价格走势对期权买卖者有利，则会行使其权利而获利，如果价格走势对其不利，则放弃购买的权利，损失只有当时购买期权时的费用。

黄金期权交易的对象是国际市场的现货黄金，报价以美元提供，交易起点是20盎司黄金，即622克。期权期限有1周、2周、1个月、3个月和6个月五种，每份期权最少交易量为10盎司。

黄金期权风险可以锁定，未来无论金价如何变动，客户最大的损失在交易开始就已经确定,即支付给银行的期权费。只要在期权有效期内(含到期日),市场波动对客户有利,客户都可以选择卖出期权锁定获利,而不必担心其中有大幅反向波动。

在国内投资黄金中,如果纸黄金和期权做一个双保险挂钩的投资,就可以避免纸黄金单边下跌被套牢。因为纸黄金只能是买多,不能买空。如果在行情下跌的时候,买入纸黄金被套,又不愿意割肉,可以做一笔看跌的期权。如:300元买入纸黄金,同时做一笔看跌期权,当黄金价格跌到290元,纸黄金价格就亏损,但是在看跌期权补回来,整体可能是平衡,或者还略有盈利。这个就是把纸黄金和黄金期权联合在一起进行交易的好处。

综上所述,不同的投资品种,各有优劣之处,没有哪种投资品种最佳之说。其实,只要是适合自己的便是最佳的。

投资策略：迅速掌握盈利技巧

对投资者来说，投资黄金不是一项说买就买，想卖就卖的草率行为，而要讲究切实可行的策略和技巧。当然，针对不同的种类要采用不同的策略。

1. 实物黄金的投资策略

（1）要长期持有

长线是金，买入并长期持有是投入产出比最优的投资策略。另外，对于普通投资者而言，实物黄金交易成本高，交收提取不方便，再加上缺乏专业知识及时间和精力，长线持有是上上之选。

（2）选择定额定投

投资实物黄金有两种方式，一种就是一次性购进，另一种就是定额定投。一次性购进风险较大，而且成本太高。而定额定投，就是分批持续投入，可以平均成本，分散风险，平复价格的短期波动，十分适合那些没有太多投资资金且承受风险能力较低者。

实物黄金定额定投，还有一个好处就是不需要投资者花费太多的精力和时间去关注、分析市场行情，省心省力。

（3）不选择纪念金和首饰金

纪念性金条、金币以及黄金首饰，其价格包含了很高的设计、加工、工艺等附加值，与黄金实际价值已经有了很大的偏离，这类黄金制品适合收藏、消费，并不适合投资。当然，如果这类黄金制品的工艺非常好，文化内涵丰富，收藏价值大，那么还是有一定升值空间的。

(4)多关注回购业务

黄金虽然有保值增值的功能,但在变现的时候有一定的不便和难度,因此在准备投资的时候最好要想到这个问题。如果售卖方有回购的业务,那就方便了。

(5)纪念性金制品的投资策略

如果一定要选择纪念性黄金制品,就要精挑细选。

首先,这类黄金制品,通常都有证书,交易的时候,要注意检查证书,若缺少证书则要谨慎交易。

其次,纪念性金制品主要是以收藏和消费为主,所以品相十分重要,假如因为保存不当或使用导致品相变差,就会在出售时被杀价。因此,无论是在买入,还是在使用、收藏时,都要注意对品相的检查和保存。

最后,要看准行情,选择精品。纪念性金制品的选购,除了注重品相外,一定还要注重对品种的选择,不同的投资品种,一段时间后的投资回报有高有低,能否获得更高的价值,与品种有莫大的关系。

总体来说,要真正投资黄金,还是要以投资型黄金制品为主,而且要以含金量高的为佳,比如说选择含金量AU9999要比选择AU999更适宜。

2. 纸黄金的投资策略

(1)看好行情,赚取波段价差

由于纸黄金只能通过低吸高抛赚取差价获利,所以,对黄金波段性机会把握较好的投资者,可以在国际金价出现阶段性低点时买入,待一段时间后金价出现阶段高点时卖出获利,赚取波段性较大的价差。

投资者可以分批建仓与出货纸黄金,根据纸黄金过去的行情趋势与相对的支持及阻力的位置进行确定,这是很有价值的,如纸黄金下跌的底部在哪里可以买进建仓,牛市能持续多久到顶等,确定这些,自然知道自己该如何低吸高抛。

(2)抓住机会,进行短线操作

纸黄金交易给投资者提供了可以买入后一旦出现盈利即可卖出完成交易的获利途径,所以,在发现黄金价格波动,有差价产生时,可短线操作,快进快出,赚取价差。

虽然纸黄金允许短线操作,但短线操作适合那些操作技巧高的投资者,对普通投资者而言,还是要尽量选择长线的投资策略,从这个层面上讲,投资者应做好大致的资金入市计划,确保投资资金不在投资过程中断裂。

(3)避免被套,果断止损

黄金市场风云变幻,纷繁复杂,金价的波动有时难以把握,如果看错趋势,出现投资方向的错误,将容易陷入被套的困境,这种情况下,投资者应根据形势果断止损,防止亏损扩大。

投资者要对黄金市场多做趋势行情分析,即做好基本面的趋势分析,这样可以大大提高纸黄金投资的收益概率。可以通过各种传媒,获取影响黄金基本面诸多因素的信息。

第十一章

房产投资

——念好"稳字诀"

随着国家"房住不炒"调控政策的颁布与落实,原先火热的房产投机戛然而止,房子回归居住属性。这种情况下,投资房产一定要摒弃投机心理,顺势而为,在国家相关政策的框架内,看清市场,以稳为主,理性投资。

房产：升值空间是重要参考指标

房产投资，其优势集中体现在以下三个方面：

1. 有效规避通货膨胀

一般来讲，在宏观经济面趋好时，会带动房产升温和价格上涨，投资者可以从中获利。宏观经济面恶化时，房产价格的抗通货膨胀的能力也强得多。

2. 可以用别人的钱赚钱

房产投资有一个显著的特点就是可以用别人的钱来赚钱。目前我们大部分的人，在购买房屋时，都会向银行贷款（事实上，相比其他投资方式，银行更乐意贷款给投资房产的人，因为房产投资的安全性和可靠性高）。这样，我们还可以将手中的资金用来投资其他项目，以获取更多利益。

3. 具有无可比拟的增值潜力

伴随着我国人口的高速增长、户籍制度的建立，以及城镇化进程的加快，大城市的人口越来越集中，房产的供求关系必将受到一定程度的影响。从长远角度上看，特别是经济活跃的大中型城市，其房产价格必将会一步步上涨。

不过，投资房产，不是盲目地买房卖房，必须要充分了解市场，这样才能有效防止自己的房产投资变成一块"鸡肋"。

事实上，对于房产投资者来说，最重要的考虑就是房产的升值问题，包括房屋价格和租金的上涨等。那么，我们又应当怎样去判断自己购置的房产的升值潜力呢？

一看位置。在诸多影响房产增值的因素中,位置是首当其冲的,是投资取得成功的最有力的保证。房地产业内有一句话叫"第一是地段,第二是地段,第三还是地段",可见地理位置的重要性。

二看交通。影响房产价格最显著的因素是地段,决定地段好坏的最活跃的因素则是交通状况。一条马路或城市地铁的修建,可以立即使不好的地段变好,好的地段变得更好,相应的房产价格自然也就直线上升。

三看环境。对环境条件的选择首当其冲的就是居住功能的选择,住房的日照、采光、通风等气象条件和小区景观、绿化等与周围公共设施是否协调,以及是否有空气、污水等污染源都是需要考虑的重点。环境越优越,房产的升值潜力自然就越大。

四看商圈。商圈也是决定房价的关键因素,所购房产地处的商圈的成长性将决定该房价的增长潜力。

五看配套。在关注房产本身的同时,还要放眼所购房产的配套设施。配套设施的齐全与否,直接决定着该地段房产的附加价值及升值潜力,同时也是决定入住后居家生活方面舒适与否的关键因素。具有升值潜力的房产,超市、餐厅、银行、医院、学校、公园、休闲娱乐等配套设施,不仅应"一应俱全",而且还要具备一定的档次和品质。这些设施包括现有的,也包括即将要实现的。

六看物业。物业管理是一个楼盘生命的延续。物业管理,包括对房屋维修、设备维护、绿化、卫生、交通、生活秩序和环境等管理项目进行的维护、修缮活动。这些都会直接影响住户的生活质量,也会直接影响到楼盘的升值空间。

总之,计划投资房产的朋友,一定要对投资的房产全面权衡,多方考察,全面了解,看好房产的升值潜力再下手。

买涨不买跌：把握最佳购房时机

虽说"买涨不买跌"，早已成为房产圈子的一句流行语，但在具体的时机把握上，却并不是那么容易。下面我们就为大家提供几个判断购房时机的参考标准，有需要的，可以对比一下楼市现状再决定。

时机一：政府调控初见成效的时候

一般来说，房价飞涨，国家政府不会坐视不理，这一阶段往往都会出台一些政策来调控。政策调控初见成效之后是楼市的一个冷静期或者说是低谷，这个时候就是最佳购房时机。因为前期的疯涨，到此时的平静，再过一阵之后，房价会进入新一轮的火热阶段。但要注意，这时下手一定要快，如果被炒房者占了先机，你将很快失去这个最佳的机会。

时机二：向银行申请贷款更容易的时候

楼市与银行是分不开的一个体系，因为购房者、开发商都需要银行金融体系的支持，才能完成房产交易。如果向银行申请贷款更容易，利率也比较低或者是很稳定的情况下，说明银行是看好楼市的，这个时候是适合买房的；相反，如果银行贷款变得难度加大，这个时候投资的购房者就要适当收手了，未来一定时间内，楼市可能会变冷。当然，如果是因临近年关，银行自身运作原因导致的贷款难情况则另当别论。同样，对这个时机的把握也是要特别小心的，因为房价可能上涨得非常快。

时机三：房屋推销电话接得多了的时候

开发商、二手房中介等专门从事房产交易的机构，可以说是对楼市的走向和发展最为敏感的一类人。从他们身上判断购房时机是否到来，是很可靠的。以二手房中介为例，其判断标准有两个，一是中介门店的到访量，二是中介的电话量。如果门店的客户到访量很高，说明当下处于卖方市场；如果门店到访量减少，大家接到的推销房源的电话多了，则说明当下处于买方市场，这种时候买房属于最划算的时间段。

时机四：大众开始集中购房的时候

当越来越多的人开始集中购房，大量入市的时候，一定程度上说明了房价要上涨，或者预测未来一定时期内，楼市一定会发生一些调整。如果你很有把握自己能够抢占时机，在变故出来之前成功购房的话，可以提前入手。

时机五：楼盘增多，需求却在减少的时候

从价格走势确定入市时间也是一个很好的判断标准。表现为：一定时期内，楼市新盘或者开盘的产品量突然增多，并且与购房需求成正比，那么此时房价一般是趋于稳定或者略微上升的，变化不大；如果产品数量增多，但是购房需求却在减少，这个时候一定是购房的最佳时机，要么说明楼市饱和，要么是相关政策的限制，让一些人的购买力暂时得到遏制。房产投资者们，就要抓紧这个短暂的时机了。

时机六：年底促销活动多的时候

年底也是买房的好时机，因为年底的时候开发商推出的优惠活动会比较多，这个时候买房一定是全年中价格比较优惠的时候，购房者将得到较大的折扣空间。

总之，购房者在选择投资时一定要结合自身情况，在对以上各因素进行综合考虑对比后，选择合适时机介入，毕竟"适合自己的才是最好的"。

新房：选得安心，买得放心

对于房屋投资者来说，购房往往都是同时兼顾自住和投资两种功能的。所以在买房时，我们除了要追求舒适实用，还要考虑到它的升值空间。这样即使以后搬家换房子，还能稳赚一笔。

那么，我们如何才能在星罗棋布的楼盘中进行大浪淘沙，选得安心、买得放心呢？

1. 选购房子：实地考察

首先是选地段。地段的重要性你知道，开发商更明了。因此，你会发现，在开发商的广告中，往往都会把自己的地段位置说得过于优越。但我们千万不要受广告诱惑，正所谓"耳听为虚，眼见为实"，购房时一定要先进行实地考察。同时，我们还要有发展的眼光，也许有些地段目前较偏，但随着城市的发展，其繁华可能只需两三年的时间；而有的地段当时很旺，但未来可能因为一个立交桥便使其优势不复存在。我们应该到国土部门了解或多查看政府官网里的城市规划、区域规划等，来辨别广告内容和实际差距到底有多大。

其次是看容积率。容积率指的是一个小区的总建筑面积与用地面积的比率。通常来说，容积率越低，居住区域的建筑密度就越低。对于住户来说，一个良好的小区应该是高层住宅容积率不应该超过5，多层住宅不应该超过3。现实中很多"买一层送一层""超大赠送面积"等广告铺天盖地很是诱人。其实，你冷静思考会发现，很多时候这些面积的增加却减小了容积率，空间密度会加大，影响居住感觉，而且赠送面积是不会写入合同的，并且没有产权。

再次是户型要好。概括地说就是所选择的房子要住得舒服，不能有太多的质量问题，要有利于屋主的生活和工作。这里要特别注意提防"伪"特价房。许多开发商打着"特价房"的噱头，实际上卖的却是"户型缺陷""朝向缺陷""商业产权（40年）"等各种问题房子。还有的则是以促销活动、节庆优惠等各种噱头包装的，在房子原有的优惠空间里做文章，并无实际折扣。购房者一定要提防这一点。

最后是了解物业。购房时一定要询问物业公司相关情况。你必须要清醒地认识到，一些开发商将低物业收费作为卖点实在没有什么可信度，因为物业收费与开发商根本没有什么太大关系。项目开发、销售完毕，开发商就拔营起寨、拍拍屁股走人了，住户将来长期面对的是物业管理公司，物业管理是一种长期的经营行为，如果物业收费无法维持日常开销，或是没有利润，物业公司也不可能持续，这必将对你未来的生活造成直接影响。

2. 付款方式：适合自己

一般来说，购房者有三种付款方式：

一是一次性付款。指的是购房者在合同约定的时间内，一次性付清全部购房款，房屋所有人同时转移房屋的所有权。这种付款方式通常都能享受到5%的优惠，还免去了贷款的巨额利息，可以很快获得房屋的产权，很容易出手变现。但是如果你购买的是期房，一次性付款就会加大购房危险，如果到时开发商不能按期交房，甚至成为"烂尾楼"，造成的损失将让人无法承受。

二是按揭贷款。这种付款方式也被称为住房抵押贷款，是购房者用自己所购房屋的产权作为抵押，由银行先行支付房款给开发商，再由购房者按月向银行分期支付本息的付款方式，是目前市场上使用最多的付款方式。这种付款方式解决了需要在短期内筹集大量资金的困难。同时，我们还可以将自己手里有限的资金用于多项投资，资金使用非常灵活。而且，更重要的是，由于有银行为自己把关，大大降低了购房的风险。不过，因为房产是以本身抵押贷款，所以转卖的手续会比较麻烦，不容易迅速变现。

三是分期付款。是指购房者根据购房合同的规定，在一定的期限内分数次付清全部房款，通常分为免息分期付款和低息分期付款。选择这种付款方式的话，可以制约开发商按时交付房屋以及履行合同中的承诺，还可以缓解一次性付款的经济压力。但购房款比一次性付款的金额要多，而且与按揭贷款相比，资金使用不够灵活。

这三种付款方式，购房者可根据自身经济情况及资金使用方式来选择适合自己的方式。

二手房：避开陷阱，少花冤枉钱

相比新房来说，投资二手房有升值快、变现快、易出租等优势，因此，现在越来越多的人偏向购买二手房。但是，二手房买卖往往也存在很大的风险，购房者稍不注意就可能掉入陷阱，从而多花许多冤枉钱。只有避免陷阱，选择投资二手房才会是一个超值的选择。

通常来说，我们需要在以下这些方面加以注意：

1. 中介

二手房的买卖大多是通过中介进行的，但二手房中介参差不齐，一定要选择资质较好、口碑较好有信誉的中介。一般来说，一家中介公司的经营规模越大，旗下的连锁店面越多，其公司的实力就越雄厚、可信度就越高。

2. 产权

一种情况是卖方并非房主。有些卖方由于与房主比较熟悉，就趁机伪造房产证对外卖房，一旦购房者交了钱，那么他就很可能卷钱跑路。所以，购房者在签订购房合同和交定金之前一定要验证房主的身份和房产备案资料，确认卖房子的人和房主就是同一个人，并且房产备案资料也必须是真实的。如果发现有问题，千万别急着交钱。

第二种情况是共有人未同意卖房。房屋的产权可以是属于一个人的，也可能是属于多人的。如果二手房存在多位产权共有人，那么在交易时，就必须先取得所有共有人的同意，否则即便签了购房合同，那也是无效的。

第三种情况是房产是法律限制或禁止交易的。有些二手房会因为各种原因被法律禁止或是限制进行交易，比如说已经被抵押了的房产，或者是处于纠纷状态的房产。如果在这些限制没有办法解除的情况下跟房主签订了合同，也会被看作是无效合同，没有办法过户，甚至可能还会因此惹上麻烦。

3. 合同

购房者作为消费者，最害怕的事情就是购房合同中存在猫腻。签署一份详细而严谨的书面合同是保障买卖双方权益最省时省力的方式。

在签合同时，需要格外注意：

（1）将卖家口头承诺落实到合同上。购买二手房时，好多人关注的就是房子里的装修，有些房主为了卖出房子也会夸夸其谈，夸赞自己房子的装修多么好，家具都是国外的，一旦购买家电都会免费赠送，导致不少购房者因此而动心。这时购房者一定要注意将买房送家电等双方的约定事项以书面形式确定下来，否则卖家等到签过合同就翻脸，购房者想要维权也很困难。

（2）明确付款过户问题。买方会将房款分为定金、首付款、余款和尾款四部分在不同时间分别打给房主。因此，卖方需要明确买方的付款时间，买方也有权利知道房产的过户时间。另外，户口迁出也是购房者比较关心的问题，建议买家在购房之前先查明房屋的户口情况，并在合同中约定卖家迁出户口的期限和逾期迁出的违约责任。

（3）注明费用交接时间。买方应关注房屋本身附属的问题作为"房屋交付"重要条款，一定要注意水、电、煤气、物业等各项费用的交接具体时间。如果是公房交易，对于物业费等费用交纳标准和时间，原房主的单位是否对此有既定要求等，都应该在合同中明确写出。当然，更需要了解一下自己将要购买的房子是否欠下了物业管理费或是其他费用，尤其是一些在拍卖会上购得的二手房，更需要认真了解是否有欠费的情况。

（4）约束卖家的违约行为。这一点提醒我们二手房合同范本不能用。一般情况下，房管局或者中介大多会提供二手房买卖合同范本并要求交易双方使用，而范本合同中可供修改的地方着实不少，而相当一部分人对于合同的拟定并不重视，甚至在发生纠纷后，方才悔悟合同拟定得有问题。这是因为范本合同中的条款太过于宽泛，并不适合复杂多变的二手房交易情况，在房价不断上涨的当下，实难约束卖家的违约潮，对买家相当不利。

另外，购房者还要提防购房合同中是否存在霸王条款，比如延期交房时，不允许退房。可见，买房是一门技术活，尤其是买二手房。所以，在买二手房时一定要多加注意。

巧还贷：从贷款中赚出更多钱

对于大多数普通人来说，投资房产就意味着当上了"房奴"，不但从物质享受方面大大降低了标准，在精神方面也备受折磨，心理健康受到极大伤害。那么，有没有可能做到既有房又不做"房奴"呢？

如果没有办法一次性付款一次性购房，那么我们就只能在还贷的方式上想办法了。选择合适的房贷还款法对于房贷族至关重要，只要用得好，我们甚至还可以从贷款中"赚"出更多钱来。

1. 年轻人——分阶段性还款法

对于大多数年轻人来说，刚参加工作，手头资金难免紧张，这时购房可以选择分阶段性还款法。因为这种还款方式可以允许客户有3~5年的宽限期。刚开始的时候每个月只需要还几百元，过了宽限期之后，才会步入正常的还款方式。而这时，我们随着工作的稳定和收入的提高，还款能力已经提高了。

2. 普通家庭——等额本息还款法

等额本息是指把按揭贷款的本金总额与利息总额相加，然后平均分摊到还款期限的每个月中。这种还款方法，有利于家庭的理财计划，收入稳定、经济条件不允许前期投入过大的家庭可以选择这种方式，压力较小。当然也有弊端，那就是总利息要多一些。

3. 高收入者——等额本金还款法

高收入人群可以选择等额本金还款法，这种还款方式所偿还的总利息要比等额本息少。因为它是将本金分摊到每个月中，同时付清上一还款日至本次还款日之间的利息。这样，随着时间推移，利息是递减的。不过，选择这种还款方式，开始几年的月供金额较多，压力会很大，故比较适合高收入者。

4. 常有大额现金流动者——"存抵贷"还款法

银行的"存抵贷"业务，是指把手里经常闲置的资金划入房贷还款账户，银行将按照一定的比例（并非全部存款）看作是提前还贷，并把节省下来的贷款利息作为理财收益返还给本人。由于"存抵贷"业务规定：还款账户中的金额必须超过5万元才能抵扣，因此我们说这种还款方法比较适合那些经常有大额现金流动的投资者，尤其是在你想要购买第二套房子时（因为按照国家目前的政策是不能享受首次购房的优惠利率的），普通的上班族办理这种业务后的减息效果不是很明显。

5. 经营者——一次性还本付息法

从事经营活动的人群，尤其是小企业或者个体经营者，选择这种还款方法比较适合。因为这种借款到期日一次性偿还所有贷款利息和本金的还款方法，不仅可以减轻每个月需要还款的压力，还可以保证你平日的资金周转。

6. 持有无贷款产权房者——房屋抵押贷款法

如果投资者手中持有无贷款产权房，而且，本人收入稳定、颇多，信誉也很好，那么可以办理房屋抵押消费贷款。一般来说，银行可能就会给予基准利率1.15倍甚至是1.1倍的利率，这样一来就能帮助你节约不少的利息，比如你的贷款总额是100万元，那么就可以节省大约9万元的利息。

7. 工作和收入都比较稳定的人——双周供还款法

双周供，顾名思义，就是半个月还一次款。如果你工作和收入稳定，可以保证双周支付不影响生活，那么就可以选择这种还款方式，它会帮助你省下不少的利息。因为还款频率的提高，贷款的本金总额减少得就会更快一些，这也就意味着整个还款期内所需要归还的贷款利息将会远远低于按月还款时归还的贷款利息。

8. 申请购房组合贷款的人——公积金转账还贷法

投资者在申请购房组合贷款时，一方面要尽量用足公积金贷款并尽量延长贷款年限，在充分享受低利率好处的同时，最大限度地降低每月公积金贷款的还款额。另一方面要最大限度地缩短商业住房贷款的还款年限，在家庭经济可以承受的范围内尽可能地提高每月商业贷款的还款金额。这样一来，月还款额的结构中就会呈现公积金份额少、商业贷款份额多的状态。那么，每个月公积金账户在抵充公积金月供后，余额就能抵充商业性贷款，这样一来节省的利息就非常可观了。

9. 所在银行房贷利率较高的人——转按揭法

如果目前你所贷款的银行不能给你7折房贷利率优惠，那么你就可以把"房贷跳槽"，寻找更实惠的银行。这就是转按揭法，即由新贷款银行帮助客户找担保公司，还清原贷款银行的钱，然后重新在新贷款行办理贷款。一般来说，由于市场竞争激烈，还是会有一些银行乐意为投资者效劳的。

10. 手有余钱的人——提前还贷法

提前还贷，一般来说往往可以减少总利息。其方式有：提前全部还清（这要求投资者现在手里持有大量现金）；部分提前还款，每月还款额不变，还款期限缩短；部分提前还款，还款期限不变，每月还款额减少；部分提前还款，每月还款额减少，同时将还款期限缩短；剩余贷款保持总本金不变，缩短还款期限。

如果选择部分提前还贷，剩下的房贷就应该选择缩短还贷期限，而不是减少每月的还款额。因为银行收取利息主要是按照贷款金额占据银行的时间成本来计算的。因此选择缩短贷款期限就可以有效地减少利息支出。假如贷款期限缩短后正好能够归入更低利率的期限档次，那么省息的效果就更加明显了。

当然，并不是所有的提前还贷都能省钱。在这之前我们一定要算好账，比如，你的还贷年限已经超过一半，月还款额中本金大于利息，那么提前还款的意义就不是那么大。还有就是如果投资者享受了首套房贷利率7折或是8.5折的优惠，加息后每月还款额增加得并不多，而且以后再贷款就享受不到这样的优惠条件了，那么这部分购房者就需要考虑清楚提前还贷是否必要。

第十二章

收藏品投资

——只要独具慧眼,鱼和熊掌可以兼得

收藏品投资是资产配置的一个重要部分,既可以增长见识、陶冶情操,又能带来可观的经济效益,但要实现鱼和熊掌兼得,显然并不是一件容易的事。

收藏市场：行情变了，策略也要变

市场决定策略。投资者在采取具体操作策略时，要根据收藏市场行情的特点而定，如果行情变了，策略也要变，不能行情变化了，策略还固守不变，那样只会让自己处处被动，最后狼狈出局。

收藏市场的行情一般可分为牛市、熊市以及牛皮市三种。牛市和熊市与股票市场相差无几，牛皮市指价格变化不大的市场状态。牛皮市时，市价像被钉住了似的上下起伏不大，如牛皮之坚韧，故有"牛皮市"之称。具体来说：

1. 牛市时

收藏市场一片繁荣景象，自身条件许可的情况下，适宜采取利上加利的投资策略，大举入市，以获得更大的收益。

举例来说，如果有一件藏品，投资者如果预期其价格会继续上涨，那么就可以出手将其收入囊中。当价格涨上去后，将之售出。如果预期还会继续上涨，还可以继续购入这种藏品。当其价格在持续上涨时，可以继续买入，或者相继出货。这就是利上加利的投资策略。

当然，这种操作策略不能保证买入的所有收藏品都能够获利，但是只要适时地平仓出局，仍然会获利不少。这个方法的关键是要把握好出货的时机，只要不做过头，赚钱是肯定的，只不过是多赚些少赚些的问题。

2. 熊市时

有以下两种方法：

一是舍小求大法。在行情看好的时候，收藏者购入了某种藏品。可是，行情不可能一直上涨，有一天行情下跌，而且还有一跌再跌的趋势，这时，收藏者应该在损失还不是很大的时候及时将藏品抛售。之后在这种藏品继续下跌过程中，再找机会买入，这样就挽回了过去的损失，这就是"舍小求大法"。

二是积极求合法。这种策略适用于收藏者误判形势的情况。在牛市时，收藏者预期某种藏品会升值从而不断购进该藏品。可是市场变幻莫测，该藏品价格不但没有继续上涨，反而下跌。这种情况下，如果预测市场行情会反弹，那么，可以在行情一跌再跌的情形下，不断买入这种藏品，以分担自己的总投资成本，这就是积极求合法。试想一下，如果在暂时不利的情况下，就偃旗息鼓，势必会或多或少遭受损失。而价格一旦反弹，收藏者不但极有可能挽回损失，而且还有可能获利丰厚。

舍小求大法和积极求合法都是在熊市时采取的措施，只不过两者适用的情况不同，舍小求大法适用于行情一直下跌的真正熊市，而积极求合法适用于行情短暂下跌的"伪熊市"。另外，积极求合法需要不断注入新资金，而舍小求大法则无须注入新资金。

3. 牛皮市时

牛皮市时，即市场行情平稳而且未能预见任何能够使收藏市场大起大落的因素的情况下，最适宜采用积少成多法了。具体操作就是每逢行情上涨就卖，每逢行情下跌就买。这样做固然收益不大，但是，如果反复多次，就会积少成多，总体收益还是不错的。

市场处于牛皮市时，要学会等待和观察，等待是希望等到好的机会，等到行情看涨或下跌，以决定卖出或买入，从中获益。观察是要密切注视市场的动向，捕捉最佳的出手时机。

书画：不辨真伪，犹如盲人骑瞎马

作为一门高雅的艺术，书画历来是文人雅士所钟爱的收藏，尤其是古代书画精品，以丰富的文化内涵、深厚的笔墨功力以及独特的历史价值为特征，存世稀少，因此成为书画投资中的热门，自有艺术市场以来，价格一直以稳定的态势逐步上升。不过，由于古代书画历史久远，良莠难辨，再加上有大量的伪作品鱼目混珠，也导致古代书画收藏成为一个"门槛高、风险大"的投资项目，一定程度上让收藏者望而却步。

那么，如何投资，怎样趋利避害，才能获取不菲的回报呢？

当前书画艺术市场异常繁荣，交易火爆，但同时也是赝品最疯狂的时期，此种情况下，要想收藏不被骗，只有努力掌握相关鉴别知识，练就一双雾里看花的慧眼，才有可能购得真品，获得丰厚回报。下列的六个方面被证明是行之有效的：

1. 多看真迹

书画作品的真伪关系重大，其真伪判断的途径主要就是对真品和伪做比较，寻找两者之间的差距。由于大多数的真品名迹都珍藏在博物馆里，因此可以去博物馆一窥真迹。待对真品的发展脉络及风格面貌都有了一个较为清晰的认识与了解后，再去对收藏品做真伪的判定，就心中有数。

2. 勤翻图录

现代印刷行业、出版行业很发达，很多古代书画名家包括他们的作品都被印刷在册，不但图像精美，而且资料详尽，这对了解作者以及作品提供了极大的便利，毕竟观看真迹的时机不是经常有的。因此，要勤翻阅一下这些图录，以加深对作者和作品的了解。

3. 了解代笔作伪

代笔就是代替作者本人去写，这种情况一般是在作者本人同意或在作者主动示意下发生的。由于代笔之人通常和作者本人比较熟悉，有一定的水平，再加上同处一代，因此仿制水平往往很高，其仿制品和真品很难区分。作伪就是在作者本人不知情的情况下仿冒，情况比较复杂，常带有较强的地域性，水平往往相差很多。作为收藏者，要尽量多地了解代笔和作伪的情况，这对鉴定作品的价值有很大的帮助。

4. 看题款钤印

在我国，在书画上署款的历史不算很长。北宋时画家多把名款题在比较隐蔽的地方。元代开始这种方式真正流行起来。此外，在画上题记与题诗也开始大量出现。题款钤印有很多不成文的规定，了解这些关于题款钤印的常识，可以帮助你辨别书画的真伪。

5. 看名家题跋

题跋是指写在书籍、碑帖、字画等前后的文字，写在前面的叫作题，写在后面的叫作跋。古代字画由于历代流传珍藏，其上多有历代藏家与鉴家的题跋与观款。如果对此有所了解，就可以通过这些题跋和观款了解作品的收藏历史以及其他关于作品的情况，这对判断作品真伪有极大的帮助。很多造假者利用人们看重题跋的心理，投其所好在伪造题跋上下功夫做文章，因此在遇到这些"题跋"时，应仔细查看，以防上当。

6. 看纸张装帧

书画作品要在一定的"载体"上显现，这个载体一般是各种纸张。纸张对作品的展现有一定的影响，两者相辅相成，可以通过对纸张的鉴定，增加对作品的了解。实际上，书画作品不仅仅与纸张有关系，与装帧形式、用墨、用印规范、避讳制度、人际称谓都有一定的关系。如果了解关于这些方面的知识，就可以很轻松地发现伪作的"破绽"。

书画投资不要贪多，专注一两个门类即可，特别是刚入门者，更不易贪多，而要集中精力弄通某个类型或某个作家作品的行情，掌握其艺术特征，在经验、眼力都提高上去后，再有计划地稳步推进，方为上策。

一般来说，收藏价值大的作品投资价值亦大，但是价位过高的书画作品，不利于在市场上流通，也不便于一般私人收藏。尤其是对于初入门者来讲，书画投资一定要量力而行，不要做超出自身能力的投资，否则很容易给生活带来不便。

邮票：小投资换来大收益

邮票，方寸小纸展示着博大精深的世界，承载着深厚的文化，从一个侧面反映了历史的进程。另外，从图案的设计、制版、印刷等方面，还可以看出当时的技术水平、人们的审美趋向。

同时，作为收藏投资的话，它还具有资金多少皆宜、市场操作简单及投资获利相对稳妥等诸多优点，是一项可获丰厚回报的投资活动，因此受到了很多个人投资者的欢迎。

不过，只要是投资都是有风险的，邮票投资也必然存在一定的风险。一般来说，邮票投资应当坚持以下四个"重"点：

1. 重收藏价值

不是所有的邮票都具有收藏价值，都会给收藏者带来丰厚的回报，比如一般的普通邮票就没有多大的收藏价值。那么，什么样的邮票才具有收藏价值呢？

（1）发行数量少的邮票

一般来说，邮票发行量的多少与升值幅度成反比，即发行的越少，升值的可能越高、越快。总体来说，1991年以前发行的邮票收藏价值大。

（2）题材好的邮票

这类邮票以生肖邮票、书画邮票、名著邮票为代表。它们设计精美，承载的历史文化厚重，兼具艺术和欣赏价值，受到投资者的青睐和追捧，升值潜力大，空间明显。

（3）"特"字邮票

"特"字邮票是在突发事件时发行的邮票，是发行计划上没有的，编号上有"特"字。由于发行数量少，再加上具有特殊意义，因此物以稀为贵，比如2003年万众一心抗非典"特"字邮票，还有2008年抗震救灾"特"字邮票。

（4）设计漂亮的邮票

这类邮票以设计精美著称，比如连票、圆形邮票、菱形邮票、多边形邮票、不规则图形邮票等。80版猴票影雕套印，图像美观，印刷精致，价格一直居高不下。

（5）未使用过的邮票

通常情况下，对于同一种邮票来说，全新的邮票比用过的、盖过邮戳的价值要高。新票非常适合初涉邮市的收藏者。盖过邮戳的邮票一般价值不高，但是如果发行较早，存世不多，价格也可能高涨起来。

2. 重邮票品相

品相是邮票价值非常重要的因素，品相的好坏直接关系到邮票价格以及收藏价值。对于一个价值相当高的邮票，只要品相稍稍有一点不好，那它的价格就会大跌。这一点，邮票投资者一定要特别注意。

（1）购进邮票时

一是不能为了贪便宜，有意识地购进品相欠佳的邮票。

二是邮票交易过程中，要仔细检查邮票的品相，只有当邮票品相绝对没有问题时，才能拍板定夺。通常，新票要：票面完整，没有破损，没有折痕，图案端正，颜色鲜艳，不褪色变色；齿孔完整，不缺角；背胶完好。旧票要：票面完好，不揭薄，邮戳清晰，邮戳销于邮票一角。具备这样特征的邮票为上品。

三是要经常检查自己购进的邮票是否出现品相方面的问题。

对已出现问题、市价又高出面值的邮票，要抓紧采取技术处理，或低价出让；对已出现问题，市场价格又与邮票面值相等差距不大的邮票，可拣出来，用于邮件贴用。

（2）保管邮票时

邮票的保管很重要，如不懂得科学保管，则很容易破坏品相，拉低收藏价值。

收藏邮票一定要使用干燥的小护邮袋，或者是干燥的小玻璃瓶，或者是干燥的集邮册。一般而言，集邮册和护邮袋比较常用。而且，邮册应放在干燥且通风的地方，并且要持直立状态。

邮票整理取放时，一定要用镊子，切记不可直接用手去摆弄邮票，因为手上有汗，会留下手印或污染邮票。如果不小心用手接触了邮票，从而使邮票上出现了指纹或者油印痕迹，可用脱脂的棉花棒蘸少许汽油或酒精轻轻擦拭。需要注意的是，擦一下换一个棉球，这是为了防止把棉球本身沾上的油迹再粘到邮票上，当痕迹差不多擦干净了，用清水漂洗一下，最后把它放在吸水性好的纸张上吸干。

当然，收藏时间一长，有些邮票难免会出现黄斑，这时候，可以试试泡一杯热牛奶，然后在热牛奶中加入少许的精盐，再把出现黄斑的邮票放入热牛奶中浸泡，一定要让整张邮票全部浸入牛奶中，大约泡一个多小时，再取出邮票，黄斑基本上能够消失，然后再用清水漂洗一下，将邮票放在吸水纸上晾干。

3. 重耐心持久

其实，邮票的价格和股票一样，始终是处于动态过程中的，当集邮热到来时，邮票价格将随同集邮的逐步升温而节节登高，以至爬上这个时期的顶点；但当邮票价格被抬到这个时期的高峰后，由于外部环境的变化，又可能出现回落，甚至以低于面值的价格出售，也无人问津。而集邮热从降温到再度升温，这个周期短的一般要两三年左右,长的要十年左右,这个周期的长短如何,非一般人所能左右。

可以说,对于邮票投资者而言,很多时候都是在打一场持久战。因此,即使当时买了邮票,接着价格就下来了,也不必急于出手,就如同将钱做了五年、八年的定期储蓄。这样,当价格上涨时再转手,就可以有可观收益。

从这一角度来说,我们集邮所用的钱,就应当是自己积蓄内的,是暂时闲置不做急用的。如果靠向亲戚朋友借、银行贷,或动用、挪用公款,一旦遇上外部环境的变化,邮市不振,被套牢是非常尴尬的事。

总之,作为一种高品位的投资,邮票收藏兼具投资与收藏的双重价值,对投资者的修养和情操有一定的提升作用,只要投资者具备一定的相关专业知识、正确的投资理念、敏锐的市场洞察力,审时度势,及时购进,及时售出,最终就一定会获得满意的投资回报。

钱币：价值不菲的收藏品

钱币，其实除了具有法定货币所具备的五种职能（价值尺度、流通手段、支付手段、贮藏手段、世界货币）外，它还具有另一种特殊的作用，那就是成为收藏品，而且价值不菲。

不过，投资者将钱币作为投资对象，既可能盈利也可能亏钱。因此，钱币收藏新手入市之前，一定要对钱币收藏市场做必要的了解。

1. 学习钱币知识，提高鉴赏能力

一般来说，要想收藏有价值的钱币，你需要：

（1）留真去假

假币的收藏价值与真币无法相提并论，所以在收藏时一定要慧眼识真，留真去假，这样才能让收藏有意义，也才可能实现钱币收藏保值增值的目的。

（2）明确划分

通常情况下，钱币类型有所不同，自身的收藏价值也会存在一定的差异，因此投资者在收藏的时候，需要多加留意藏品的图案和设计制作技巧，比如要仔细查看面额、年号等细微之处，这些细微之处的差异，有的时候会决定其市场价值和升值空间，因此一定要掌握相关鉴别技巧。

（3）注重品相

在挑选钱币收藏的过程中，要注意挑选那些品相佳的藏品收藏，以便于日后保管，研究价值高。举例来说，如收藏使用过的第一、第二套人民币，如果品相差，无论从增值角度还是从研究角度来看，收藏的意义都不大。第三套人民币退出市场流通时间不长，品相较好，如果价格适中的话，是可以考虑收藏的。

（4）错版钱币谨慎收藏

由于制造等方面的原因，有少量的错版钱币在市场流通过，有一些投资者借机炒作，投机牟取暴利。对于错版钱币的收藏需要谨慎，有些错版钱币数量较少，未来升值空间较大，但有些错版钱币毫无收藏价值，更有一些不法分子采用化学褪色、挖补、改刻等手段伪造出来错版钱币，诱骗投资者购买，所以，一定要谨慎收藏错版钱币，没有十足的把握，不建议购买收藏。

（5）收藏特殊号码币

全世界的钱币收藏者几乎都有收藏特殊号码币的习惯，实际上，特殊号码钱币有独特的自身价值和艺术欣赏价值，因此才受到收藏者的追捧。就拿收藏人民币来说，如果能按照一定的号码规律收集成系列，那么其收藏价值势必会提高数倍，甚至百倍。一般来说，收藏价值最高的是全同号，特别是5、6、7、8这类的全同号。其他特殊号码纸币收藏价值从高到低是：顺序号、AB号、对称号、小号、多重尾号、重叠号等。

2. 了解行业暗语，方便行情交流

每行都有每行的规矩，各行有各行的暗语，如果不了解这些行话、暗语，少不了会被人嘲笑，甚至吃亏上当。一般来说，钱币收藏行内暗语有：

"行货"：一般指"大路货儿"，也指艺术家或工匠为应付市场而批量生产的不精美的艺术品。

"行里人"：指专业从事人民币收藏的人员。

"跑道儿"：指中介

"掌眼"：是指水平一般的人购买收藏品时，邀请高明的人替自己把握一下尺度，以免走眼，也是藏友虚心请教的话语。

"活拿"：是指谈好价格，只能多卖钱，不能少卖钱，当时不付款，即必须保底，言必有信这叫"活拿"。

"输"：指亏本。

"拿分"：指币商收购的钱币，能获得较高的利润。也叫"快货儿"。

"打眼"：指判断有误，买了假货。

"漏儿"：指币商购买钱币时，卖主不懂，好东西未被重视，行市也不明，因而拣了便宜。买东西的人是"捡漏儿"，卖东西的人是卖漏了。

"方"：指人民币万元。

"吊"：指古代制钱一千枚为一吊，现指千元。

"一张"：指钞票载体的数量单位，而不是货币数量。20世纪80年代一张指十元，现在指百元。

"块、角、分"：在收藏品市场上，一块即100元，一角即10元，一分即1元。不懂的新手倘若真的当成块、角、分，会闹出笑话。

3. 掌握保存方法，降低投资风险

收藏钱币，还有一个重要的问题不容忽视，那就是珍藏和护理。如果珍藏护理不当，导致钱币收藏品相降低或毁损，将使收藏者蒙受无法弥补的精神损失和经济损失。

针对钱币不同的材质，有不同的保存方法：

（1）金质的钱币：这类钱币比较容易保存，因为金不易氧化。有时在买金币的时候，为了能检测出是否真金，很多人采用火烧的方式，这时要注意一定要用防风打火机，因为防风打火机和普通打火机的火苗是不一样的，既能检测出是否真金，对钱币造成的损失也小。

（2）银质的钱币：这类钱币保存不易，因为它非常容易氧化，容易发黑发黄。收藏时最好把银币放在抽屉里，抽屉里放点干燥剂，如果买的时候银币是密封好的，不要轻易拿出来。如果银币发生了氧化，也不要误信"用牙膏洗银饰"的方法。因为牙膏中含有微小的颗粒，虽然一般人是感觉不出来的，但如果用它清洗银质钱币，会给钱币造成划痕。

（3）镍质的钱币：这类钱币的保存比较容易，一般没有什么特殊要求，因为镍这种材质比较抗氧化。

（4）铜质的钱币：这类钱币是最娇贵的，是最不容易保存的。因为它很容易氧化、发黑，把它收藏在塑料袋里呢，铜币又容易发绿。那么，铜币该怎么保存呢？一般来说，一定要用牛皮纸把铜币包好，放在透风的地方，而且牛皮纸每年都要更换一次。

（5）纸质的钱币：对于这类钱币的保存，很多人有误区，他们认为纸币放在平时收藏的册子里面就可以了。实际上是不对的。纸币应该是放在塑料袋中保存，而且一定要用质量好的，否则纸币一样会发暗、变色。另外，我们平时也不要随随便便就用手拿着纸币看，因为手上的汗渍会污损钱币，用手抚摸也会使钱币四角受伤，最好用镊子和放大镜欣赏纸币。

古玩：玩的是知识、财力、魄力

古玩投资，属于艺术品投资的范畴，古玩界的收藏大家，眼力、财力和魄力，三者缺一不可。对在古玩收藏界刚刚入门的投资者来说，有以下几点建议以做参考：

1. 不要超出你的经济能力

古玩投资是一项非常迷人的投资，尤其是当你慢慢懂得其中的奥妙时，往往会愈陷愈深。事实上，现实生活中不乏收藏爱好者或古董投资者，不惜倾家荡产买进的藏品因是赝品而破败的故事。因此，我们在此提醒投资者们，有多少能力就投资多少，千万不能超出经济能力。你可以采取渐进的方式投资。

2. 不要抱着总想"捡漏"的心理

"捡漏"在古玩收藏界中绝对是一个令人神往的词，即花小钱买到价值高的东西。但在艺术品市场日趋成熟的今天，国家文物鉴定委员会的专家们经过走访发现，现在各大古玩市场中真正的老东西已经很少了，"捡漏"的机会其实就和彩票中奖的概率是一样的。事实上，那些你以为捡了漏的东西，恰恰是他们针对人们的这种投机心理而设下的陷阱。

3. 投资初期坚持"初浅、简易性"原则

投资时，尤其是刚刚涉足收藏界，应该是从初浅的程度买起，之后，眼光到了一个程度就会愈收愈高档。最不明智的是买到收藏级的精品后，又回头去买一些仿古、民艺品类的作品，结果又降低了自己的收藏品位。

而且，在藏品种类选择上，最好先选一些鉴定不太复杂的物件，比如鼻烟壶年代不久，无年代鉴定的问题；或者田黄，也是比较容易鉴定真伪的物品。而绘画品、陶瓷器等难度较高的艺术品，在鉴定真伪时，得视不同的年代做不同的判断，考虑的层面比较多，必须花很长的时间做研究，才能分辨真伪好坏，不适合投资新手。

4. 重视质精而不以量取胜

有些古玩投资者，尤其是新手，收藏时缺乏条理，没有厘清自己的收藏方向、目标和主藏领域，结果是遇到什么集什么。但实际上，古玩投资绝不是以量取胜，用买十件杂品的钱，不如集中资金好好收购一件稀有度高、材质特殊、具艺术性的作品，其将来增值的空间一定会大大超越那十件杂品。因此，选购古玩艺术品不能见一样爱一样，最好平时多看书研究，多逛店家，再找出自己的收藏性向，最好能一系列有计划地投资。

5. 不要只知收藏而不研究学习

有些收藏爱好者低估了古玩的专业性和业界内的复杂性，只知搜集藏品，却对藏品缺乏应有的研究。其实收藏可不是一件简单的事，投资者应在集藏过程中，藏学结合，用不断增长、丰富的知识储量，去推动个人的收藏活动向纵深迈进。又藏又学，你才能成为"专家"。

6. 不要急于出手

古玩投资，也有短线、中线和长线，但对于普通投资者来说，短线投资不是一种好途径。短线，一般都是古玩商人的首选，因为它要求投资者手里必须要有足够的客户群体。就好比100万元买到一件藏品，三个月甚至更短时间出手，赚到的钱不会是暴利，如果你没有客户群体，"薄利多销"的事就做不来了。

中线投资，一般是要持有这件藏品一年以上的时间，这里需要你做的就是你买到的东西最好是你喜欢的，否则你很可能坚持不到它应有的升值空间就想把它出手了。